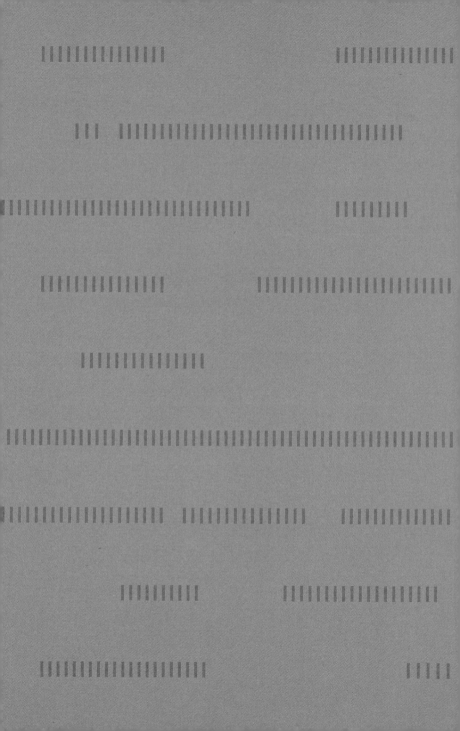

한 번 도
경험해 보지
못 한
새로운 북한이
온다

한 번도 경험해보지 못한 새로운 북한이 온다
미국에 미련을 버린 북한과 공포의 균형에 대하여

초판 1쇄 인쇄 2023년 7월 17일
초판 1쇄 발행 2023년 7월 21일

지은이	정욱식
펴낸이	이영선
책임편집	이민재
편집	이일규 김선정 김문정 김종훈 이민재 김영아 이현정 차소영
디자인	김회량 위수연
독자본부	김일신 정혜영 김연수 김민수 박정래 손미경 김동욱

펴낸곳 서해문집 | 출판등록 1989년 3월 16일(제406-2005-000047호)
주소 경기도 파주시 광인사길 217(파주출판도시)
전화 (031)955-7470 | 팩스 (031)955-7469
홈페이지 www.booksea.co.kr | 이메일 shmj21@hanmail.net

ⓒ정욱식, 2023
ISBN 979-11-92988-18-4 03340

한 █████ 번 █████████ 도

경험해 ████████████ 보지

못 한 ███████████

새로운 ███████ 북한이

██████████████ 온다

미국에 미련을 버린 북한과
공포의 균형에 대하여

정욱식 지음

서해문집

차례

한국의 독자를 위하여

두 대통령의 이전투구

2023년 4월 26일(현지시각) 미국 워싱턴에서 조 바이든 미국
대통령과 정상회담을 마친 윤석열 대통령은 '북한의 선의에
기대는 가짜 평화가 아니라 압도적인 힘의 우위를 통한 평화'
를 강조했다. '가짜 평화'는 윤석열이 대선 후보 시절부터 문재
인 정부의 대북정책을 비판하면서 써온 표현이다. 한편 같은
날 문재인 전 대통령은 4·27 판문점선언 5주년 기념식 축사에
서 "상황을 안정적으로 관리하기 위한 진지한 노력은 보이지
않고, 오히려 경쟁하듯 서로를 자극하고 적대시하며 불신과
반목이 더욱 깊어지고 있"다고 밝혔다. 기조 연설자로 나선 임

종석 전 청와대 비서실장은 "윤석열 정부가 국민의 안전과 대한민국의 미래를 담보로 위험천만한 역주행을 하고 있다"라고 비판했다.

윤석열은 6월 28일 "반국가 세력들은 핵무장을 고도화하는 북한 공산집단에 대하여 유엔 안보리 제재를 풀어달라고 읍소하고, 유엔사를 해체하는 종전선언을 노래 부르고 다녔다. (…) 우리를 침략하려는 적의 선의를 믿어야 한다는 허황된 가짜 평화 주장이었다"라고 문재인 정부를 직격했다. 그러자 문재인은 닷새 후에 "남북관계는 후퇴하고 평화가 위태로워졌으며, 국민소득까지도 정체되거나 심지어 줄어들었다. (…) 아직도 냉전적 사고에서 헤어나지 못한 사람들이 많다"라고 맞받았다.

전·현직 대통령 간의 공방을 접하며 쓸쓸함을 지울 수 없다. 문재인 정부 인사들은 사이좋던 남북관계를 후임 정권이 망가뜨린 것처럼 말한다. 하지만 남북관계를 포함한 한반도 정세는 2019년, 즉 문재인 정부 중반부터 이미 돌이키기 힘들 만큼 악화일로였다. 정권교체 이후 그 경향이 더 뚜렷해진 것뿐이다. 따라서 이들은 후임 정부에 어설픈 훈수를 둘 처지가 아니다. 집권기에 무엇을 잘못했으며 어디서부터 잘못되었는지

복기하고 성찰해야 할 시간이다. 그래야만 비판이든 조언이든 설득력을 가질 수 있다.

윤석열 정부는 어떤가? 번지수를 잘못 짚고 있다. 이 정부는 전임 정권이 가짜 평화를 추구하고 국방력 건설에 소홀했다고 비난하지만, 문재인 정부의 군비증강은 역대 최고치에 달했다. 정부 출범 때인 2017년에 세계 12위로 평가받던 군사력이 2021년과 2022년에는 6위로 껑충 뛰어오를 정도로 말이다. 또 윤석열 정부는 자유민주주의를 위협하는 가장 큰 요인으로 '가짜뉴스'를 거론하지만, 정작 대통령 본인부터 가짜뉴스에 현혹되고 있다. 윤석열의 말과 달리 문재인 정부는 줄곧 종전선언과 유엔사 해체는 무관하다고 강조했다. 대북 제재에 대해서도, 우선은 유지하되 비핵화가 불가역적인 단계에 돌입하면 제재 완화를 통해 비핵화를 더욱 촉진해야 한다는 입장이었다. 하여 윤석열 정부가 할 일은 전임 정부에 대한 근거없는 공격이 아니라 공과를 제대로 알고 냉정하게 평하는 것이다.

정치적 양극화와 진영 논리가 갈수록 강해지고 있는 현실에서 이러한 진단은 양쪽 모두로부터 배척당하기 쉽다. 하지만 '우리 안의 신냉전'을 직시하고 이를 극복하려는 노력이 없으면, 갈수록 파고가 높아지고 있는 한반도의 위기와 동아시아의 신냉전을 헤쳐나갈 힘과 지혜를 모을 수 없다.

오십 보 백 보의 대북정책

또 있다. 흔히 정권에 따라 대북정책 널뛰기가 너무 심하다고들 한다. 하지만 나는 '오십 보 백 보'라고 생각한다. 누구의 눈엔 그 오십 보의 차이가 커 보일지 몰라도 한반도 문제를 풀기에는 '도긴개긴'으로 한계가 있다는 말이다. 한반도 문제의 핵심은 군사 문제에 있다. 그런데 21세기 이후 한국의 거의 모든 정권은 '힘에 의한 평화'를 추구해왔다. 특히 진보 정권이라는 노무현·문재인 정부의 군비증강은 보수 정권들을 압도했다. 노무현과 문재인 정부의 연평균 국방비 증가율이 각각 8.7%와 7.8%에 달한 반면에, 이명박과 박근혜 정부 시기에는 각각 5.5%와 4.0%였다.

한반도 문제의 또 다른 핵심은 미국에 대한 입장이다. 이명박·박근혜·윤석열 정권과 같은 보수는 대체로 맹목적 친미주의에, 노무현·문재인 정권과 같은 진보(혹은 중도)는 공미형恐美形 친미주의*의 양상을 보여왔다. 노무현 정부가 명백한 불법 침략전쟁인 미국의 이라크 침공에 파병한 것이나, 문재인 정부가 취임 후 첫 정상회담에서 지나친 대미 저자세를 보인 것은 공미형 친미주의의 대표적 사례다. 또 미국이 국가안보실을 도·감청한 사실이 드러났음에도 불구하고 윤석열 정부가 미국에 항의는 고사하고 이를 덮는 데 급급했던 모습에서 맹목적 친미주의의 전형을 발견할 수 있다. 겉보기엔 다르지만 한국의 주류 정파는 모두 친미주의라는 점에서 다르지 않다.

이는 향후 대북정책을 포함한 대외정책을 설계하는 데 있어서 매우 중요한 함의를 품고 있다. 미국은 '은혜의 나라이자 가치를 공유하는 나라'라며 덮어놓고 친미로 가는 것도, 미국의 요구를 순순히 들어주지 않거나 미국과 갈등을 일으키면 해코지당할 것 같은 두려움에 친미로 끌려가는 것도 이제는 넘어설 때가 되었다. 반미를 하자는 게 아니다. 있는 그대로의 미국을 보자는 말이다.

또 진보는 대북 유화 정책을, 보수는 대북 강경 정책을 써왔으니 대안은 이 둘을 아우르는 중도적 대북정책이라는 주장이

---

*   미국의 정책이나 요구가 옳거나 이로워서가 아니라, 받아들이지 않으면 불이익이 따를 것이라는 두려움 때문에 미국에 끌려 다니는 현상을 일컫는다.

진리처럼 통용되어왔다. 하지만 나는 여기에 회의적이다. 과도한 군비증강과 한미동맹에 의존하는 관성을 극복하지 않으면 어떤 대북정책이든 겉돌 수밖에 없다. 무엇보다 본문에서 자세히 다루겠지만, 북한의 입장이 아주, 크게 달라졌다.

보수의 희망회로,
진보의 희망고문

"지금 우리 국민들이 북한에 대해서 잘 모른다."

윤석열이 2023년 1월 27일 통일부 업무보고에서 한 말이다. 이 발언 속에는 두 가지 의미가 내포되어 있다. 하나는 정부는 북한에 대해서 잘 알고 있다는 것이고, 또 하나는 그래서 북한의 실상을 국민들에게 널리 알려야 한다는 것이다. 그는 또 "통일은 갑자기 찾아오겠죠. (…) 통일은 더 나은 쪽으로 돼야 하지 않겠냐"라고 말했다. "북한이 남쪽보다 더 잘 산다면 그쪽 중심으로 돼야 할 것이고, 남쪽이 훨씬 잘 산다면 남쪽의 체제와 시스템 중심으로 통일이 되는 게 상식 아니겠냐"라는 것이다. 상식적으로 남한이 북한보다 훨씬 잘 살고 있는 만큼, 이 발언은 흡수통일을 염두에 둔 것이 아니냐는 논란을 야기했다.

이 지점에서 하나의 역설을 발견하게 된다. 보수 정권으로 분류되는 김영삼·이명박·박근혜 정부 시기 내내 남북관계는 좋지 않았다. 그런데도 이들 정부는 통일을 앞세운다. 김영삼 정부는 '고난의 행군'에 시달리던 북한이 오래 가지 못하리라 보고는 북한의 붕괴가 전쟁으로 이어지지 않도록 '연착륙'을 강조했다.

임기 초반 대북정책을 두고 갈팡질팡하던 이명박 정부는 2008년 8월 김정일 국방위원장이 뇌질환으로 쓰러지자 '(북한이 붕괴하기를) 기다리는 것도 전략'이라며 '통일몽'에 휩싸였다. 뒤이어 집권한 박근혜 정부는 '통일대박론'을 주창했다.

윤석열 정부의 행보도 비슷하다. 그리고 이들 정부는 북한이 오래 가지 못할 것이라는 점을 강조하기 위해 북한의 식량난과 경제난이 매우 심각하다고 주장해왔다. 이 과정에서 무엇보다 엄정해야 할 대북 정보까지 정치논리에 따라 오염되는 경우도 종종 발견할 수 있다. 보수가 이런 '희망회로'에 갇힐수록 통일은 고사하고 통일의 기반조차도 무너지고 만다.

2023년 북한에서 아사자가 쏟아질 정도로 식량난이 심각하다는 보도가 쏟아지면서 이를 남북관계 개선의 기회로 삼아야 한다는 주장도 나왔다. 일례로 남북한의 화해협력을 일관되게 주장해온 정세현 전 통일부 장관은 "북한이 비료를 절실하게 필요로 하는 상황이기 때문에, 우리 정부가 세계식량계획WFP이나 세계식량농업기구FAO를 활용하든 적십자 통로를 활용하든 비료 지원에 대한 운을 띄우면 북한이 호응할 가능성도 있다고 본다. (…) 인도적 지원 등을 부활시켜서 적어도 북한이 남한을 상대로 400-600km 단거리 미사일을 쏠 것처럼 위협을 하지 않을 상황은 만들 수 있다"고 주장했다.[1]

이러한 '경제와 평화의 교환전략'은 김대중·노무현·문재인 정부를 관통하는 대북정책의 요체다. 경제적으로 어려운 북한을 도와주고 북한의 군사적 위협, 특히 핵문제 해결을 도모한다는 접근법이다. 후술하겠지만 진보 진영이 추진한 이런 해법의 유효기간은 2019년까지였다. 무엇보다 이들의 대북정책은 '강력한 국방력과 한미동맹에 의한 안보'를 추구하면서 북한에 핵을 내려놓으라고 요구했다는 데서 한계가 뚜렷하다. 그리고 이러한 '이중잣대'에 분개한 김정은 정권이 입장과 노선을 완전히 틀면서 문재인 정권 후반기의 남북관계는 '남보다 못한 사이'로 멀어졌다. 진보 정권의 화려한 수사와 빈곤한 실적 사이에서 '희망고문'을 느끼는 사람이 늘어난 까닭이다.

우리가 알던 북한은 없다

사람들은 북한 하면 '경제난'부터 떠올린다. 진보와 보수를 막론하고 거의 모두가 북한의 극심한 경제난을 '상수'로 취급한다. '가난하고 굶주리는 북한'은 진영에 따라 다른 방식으로 소비되어왔다. 대체로 중도와 진보는 북한을 인도적 지원과 경제협력의 대상으로, 보수와 극우는 경제제재를 통한 압박과 붕괴, 더 나아가 흡수통일의 대상으로 간주해왔다. 그런데 이런 통념과 달리 북한의 경제 사정과 인민 생활이 점차 개선되고 있다면? 설사 식량이 좀 부족하더라도 외부의 지원에 관심을 껐다면?

북한 하면 떠오르는 또 하나의 키워드는 '핵'이다. 북핵에 대한 인식 역시 진보와 보수 사이에 확연한 차이를 드러낸다. 중도와 진보는 대체로 북한이 핵개발을 협상카드로 삼아 미국과의 관계 정상화를 노린다고 판단했다. 반면 보수와 극우는 북한의 목표가 애초부터 핵무장의 완성이라고 주장해왔다. 전자는 과거엔 적실했지만 지금은 틀린 진단이다. 후자의 진단은 현재는 그럴듯하지만 과거에는 틀렸다. 1990년대 초반부터 2019년까지 북한이 추구한 핵심 목표는 북미관계 정상화이지만, 2020년부터는 미국에 미련을 버린 채 핵무력을 국가전략의 중추로 삼고 있기 때문이다.

'고립' 역시 익숙한 북한과 떼어놓을 수 없는 단어다. 실제로 북한은 1990년대 초반부터 국제적 고립에 처했다. 북핵 문제를 빌미로 전통적 우방인 중국과 러시아조차 북핵을 규탄하고 경제제재에 동의할 정도였다. 하지만 이제는 다르다. 2020년 이후 북한의 핵과 미사일 활동이 최고조에 달해 왔음에도 불구하고, 북중·북러 관계는 1990년대 초반 이후 최고 수준이다. 미국과의 전략경쟁이 격화되면서 중국과 러시아는 북핵문제를 '비확산'보다는 '세력균형'의 관점에서 보면서 사실상 북핵을 묵인하는 방향으로 선회한 것이다. 북한도 이 점을 파고든다. 최근 북한이 국제질서가 '신냉전'과 '다극화'로 가고 있다며, 이러한 국제 환경을 자신의 전략적 지위를 강화하는 계기로 삼아야 한다고 강조하는 것도 이러한 맥락에서다.

이렇듯 북한은 크게 달라졌다. 부분적 전술적 차원이 아니라 전면적 전략적 차원에서 그렇다. 가장 중요한 변화는 30년 가까이 매달려온 '북미 적대관계의 평화관계로의 전환'에 대한 미련을 접고서 안보는 핵으로, 경제는 자력갱생으로, 외교는 중국과 러시아 중심으로 성과를 노린다는 데 있다. 또 김정은은 2021년 1월 당대회에서 '우리국가제일주의'를 선포했는데, 이는 남북관계와 통일에 방점을 찍은 '우리민족제일주의'와의 공식적 결별을 의미한다. 이를 뒷받침하듯 북한의 '대남일꾼'은 거의 자취를 감추다시피 했고, 2020년 《노동신문》은 '남조선면'을 아예 없앴다. 특히 북한 외무성은 2023년 7월 현정은 현대그룹 회장의 금강산 방문을 불허한다면서 "남조선의 그 어떤 인사의 입국도 허가할 수 없다는 것은 조선민주주의인민공화국정부의 방침"이라고 못 박았다.

그라운드제로에서 북한 읽기

정리하자면, 새로운 북한이 오고 있다고 해도 과언이 아니다. 그런데도 진보와 보수를 막론하고 '과거의 북한'만 보려고 한다. 정보 편식과 희망 사항을 버무려 '북한은 이렇다, 저렇다'라고 너무 쉽게 단정하고는 '이렇게, 저렇게 해야 한다'는 주문을 쏟아내곤 한다. 예를 들어 2020년 이후 부쩍 늘어난 북한의 미사일 발사를 두고 대미 협상의 몸값을 높이려는 것이라며 대화를 요청해올 때까지 인내해야 한다는 견해가 있다. '과거의 북한'에 갇힌 시각이 만들어낸 철 지난 주장의 전형이다. 북한의 도발을 두고 김정은 정권이 식량난·경제난으로 커진 주민의 불만을 외부로 돌리고자 군사적 긴장을 고조시키는 것이라는 분석도 있지만, 이 역시 '있는 그대로의 북한'과는 거리가 멀다.

새로운 북한은 대북정책을 원점에서부터 재검토해야 한다는 과제를 던져주고 있다. 물론 이러한 주장은 낯설지 않다. 북한의 핵무장이 돌이킬 수 없는 수준에 도달해 한반도 비핵화가 사실상 물 건너간 만큼, 비핵화를 핵심적인 목표로 삼아온 대북정책도 바뀌어야 한다는 지적이 바로 그것이다. 하지만 이번 재검토의 대상은 눈에 보이는 핵문제보다 훨씬 넓고 깊다. 북한의 변화는 국방 분야뿐만 아니라 경제, 대남관계 및 외교 등 국가전략 전반에 걸쳐 나타나고 있기 때문이다.

그럼 새로운 북한을 어떻게 상대해야 할까? 우선 한때 뜨거웠던 남북관계의 추억을 접어두고 한반도를 감싼 군사적 긴장부터 진정시킬 방법을 찾는 게 시급하다. 다시 친해질 수 없다면, 싸우지나 말아야 하지 않겠는가? 이를 위해서는 각자가 원하는 북한이 아니라 있는 그대로의 북한을 보려는 노력이 중요하다. 대북정책의 키를 쥐고 있는 한미 양국 정부는 물론이고, 대다수 언론과 전문가의 대북 진단과 처방을 접할수록 '그

게 아닌데'라는 느낌을 지울 수 없다. 북한은 이미 저만치 멀리 가 있는데, 과거의 자리에서 북한을 찾는 각주구검刻舟求劍을 반복하고 있다는 안타까움 말이다.

북한, ▇▇▇▇▇▇▇▇▇▇▇▇▇▇▇

▇▇▇▇▇ 미국에 미련을 버리다

▇▇▇▇▇▇▇▇▇▇▇▇▇ **1**

사상 처음으로 함께한 북미 정상(2018년
6월, 싱가포르). 이후 1년간 세 차례에
걸친 두 사람의 만남은 예상 밖의 파국을
맞았고, 북한은 비핵화를 조건으로 한
미국과의 관계정상화 의지를 접었다.

새로운 북한이 온다면, 그 가운데서도 가장 근본적이며 파급력이 큰 변화는 무엇일까? 나는 무엇보다 북한이 미국과의 관계 정상화에 미련을 접은 것이라고 본다. 우리에게 '익숙한 북한'이 그 과격한 언사와 별개로 미국과의 관계 개선을 끊임없이 모색해왔다면, '새로운 북한'은 이를 내려놓고 국가전략을 세우고 있다는 것이다. 그리고 이러한 변화는 '게임의 법칙'이 완전히 달라졌음을 의미한다.

1990년대 이래 국제사회에서 북한의 위상은 추락을 거듭했다. 1989년 동유럽에서 시작된 사회주의 블록 해체와 미소 냉전의 종식은 북한을 보호하던 경제적·안보적 울타리를 걷어버렸다. 남북의 국력 차가 커져가는 상황에서 한국은 사회주의 진영의 양대 맹주인 소련·중국과 나란히 국교를 맺었다. 반면 북미·북일 수교는 요원했다. 오히려 걸프전쟁(1991-1992)을 치르며 세계 최강국의 힘을 과시한 미국의 다음 타깃이 북한이라는 전망이 공공연히 나돌았다. 국제사회에서의 고립과 경제난, 여기에 기록적인 홍수가 덮치며 최악의 대기근이 발생했다. 굶주림과 전염병으로 죽은 사람만 줄잡아 수백 만이었다. 이른바 '고난의 행군'. 북한 당국이 당시의 절망적 상황을 1930년대 항일 빨치산 부대가 만주에서 겪은 혹한과 배고픔의 전장에 빗댄 표현이다.

전대미문의 외교·안보·경제 위기를 타개하기 위해 북한이 주목한 것은 미국과의 관계 개선이다. 북한 입장에서 북미관계 정상화는 단순히 양국만의 문제가 아니라 북남·북일 관계의 개선을 동반함으로써 오랜 외교적 고립에서 벗어날 수 있는 카드다. 이와 함께 1953년부터 이어진 정전체제를 평화체제로 전환한다면 탈냉전 이후 가중된 안보 불안을 해소할 수 있다. 경제발전을 위해서도 미국이 주도하는 세계경제 체제로의 편입이 절실했다. 이런 기대 속에서 북한은 미국과의 오랜 적대관계를 평화관계로 전환하는 것을 국제전략의 핵심 목표로 잡았다. 곡절과 부침이 있었지만, 2019년까지는 이러한 기대와 목표를 접지 않았다.

북핵에 관한
30년의 동상이몽

문제는 양국의 접점이다. 대북 관계 개선에 별 매력을 느끼지 않는 미국과 그런 상대를 협상 테이블로 끌어내야 하는 북한. 이때 등장한 것이 바로 핵 카드다. 미국은 냉전 초기부터 국제원자력기구IAEA(1957)를 창설하고 핵확산금지조약NPT(1970)을 주도하는 등 핵무기에 대한 국제 규제를 꾸준히 강화해왔다. 소련이 몰락하며 유일 패권국에 오른 뒤로는 '핵 비확산'을 외교 목표로 전면에 내세웠다. 그런데 북한이 여기에 반기를 든 것이다. 제국의 뜻을 거스른 북한의 목표는 아이러니하게도 제국과 친해지는 것이었다.

이렇다 보니 북한의 핵실험이나 미사일 시험발사는 미국의 관심을 끌고, 나아가 협상 테이블을 차리기 위한 성격이 강했다. 요컨대 '나를 잊지 말라'는 뜻이다. 입장도 뚜렷했다. '적대정책을 철회하든, 북한의 핵무장을 감수하든 양자택일하라'는 것이다. 손에 잡힐 듯한 성과도 있었다. 1994년 북미 제네바

기본합의, 2000년 북미 공동코뮤니케, 2005년 6자회담의 9.19 공동성명과 그 후속 합의 등. 안타깝게도 이들 합의는 한국이나 미국의 정권교체, 북한의 경직된 태도 등에 막혀 파기되거나 제대로 실행되지 못했다.

주목할 것은 북핵이 북한만의 카드는 아니었다는 점이다. 북한이 핵개발을 지렛대 삼아 대미 관계 정상화를 노렸다면, 미국은 북핵을 명분으로 '한반도의 현상'을 유지·강화하고자 했다. 미국이 바라는 한반도의 현상이란 정전체제와 한미동맹, 그리고 남북·북미·북일 간의 긴장관계다. 그런데 북핵문제의 해소는 곧 한반도 현상의 근본적 전환을 의미한다. 결국 미국 입장에서 북핵은 해결하는 것보다 '문제로 남겨두는 게 유리한 문제'였던 셈이다.

북핵과 미국의 안보 전략이 처음 맞부딪친 것은 1990년대 초반이다. 조지 H. W. 부시(아버지 부시) 미 행정부와 의회는 3단계의 주한미군 감축을 추진했고, 펜타곤(국방부)과 정보기관 등 강경파는 이에 반대하고 있었다. 때마침 북핵문제가 불거지자 국방부 등은 그 위험을 과장하면서 주한미군 감축 계획을 막아섰다. 여기서 잠시 북핵문제의 발단을 돌이켜보자. 세간에 알려진 것과 다른 내용이 있기 때문이다. 핵무기의 핵심

원료인 플루토늄 '불일치' 문제다.[2]

1992년 미 중앙정보국CIA과 국방부는 북한의 비밀 핵무기 개발 의혹을 제기하면서 이를 '기만 계획'이라고 불렀다. CIA에 따르면 북한이 보유한 플루토늄은 IAEA에 신고한 90g이 아니라 핵무기 1-2기를 만들 수 있는 10kg에 달했다. 이러한 '불일치'에 미국이 특별사찰을 요구하자 북한은 "강도적 요구"라며 거부했다.[*]

이 갈등은 한반도 전체로 번졌다. 그해 10월 미 국방부장관 딕 체니는 한미연합훈련(팀 스피릿) 재개를 발표한다. 9개월 전 훈련을 중단하기로 한 한미 정상의 합의를 뒤집은 것이다. 북한은 이에 격렬히 반발하며 NPT 탈퇴를 선언했다. 이른바 '1차 북핵 위기'의 시작이다.

북핵과 미 안보 전략 사이의 두 번째 긴장은 1990년대 중반 미사일방어체제Missile Defense, MD[**]를 두고 일어났다. 미 공화

---

[*] '불일치' 문제의 진실이 드러난 것은 2008년의 일이다. 영변 핵시설 가동 일지를 검토한 조지 W. 부시(아들 부시) 행정부가 북한의 1992년 신고 내용이 맞다는 결론을 내린 것이다. 2008년 10월 미국이 북한을 20년 만에 테러지원국 목록에서 제외한 결정적 배경도 바로 여기에 있다.

[**] 미사일 공격에서 미국 본토와 전 세계 미군기지를 방어하는 방위전략. 적대

당과 군산복합체는 MD를 국가안보의 핵심으로 내세웠고, 막대한 예산이 드는 이 방어 전략의 구실을 '북핵 위협론'에서 찾았다. 뒤집어 말하면 북핵·미사일 문제 해결이 MD 구상에 방해가 될 수 있다는 의미다. 실제로 의회를 장악한 공화당은 민주당 클린턴 행정부의 북미 제네바기본합의(제네바 합의)[*] 이행에 사사건건 발목을 잡았다. 2000년 대선에서 8년 만에 정권을 탈환한 공화당과 조지 W. 부시(아들 부시) 행정부는 대북 협상을 중단한 채 MD 확대·강화에 박차를 가한다. 명분은 물론 '북핵 위협론'이었다.

국에서 미국에 대륙간탄도미사일ICBM을 비롯한 각종 미사일 공격을 시도할 경우 각지에 포진한 육·해·공 미군 기지 및 군사위성에서 이를 탐지·요격하는 미사일 방어망이다. 일개 무기체계가 아니라 미국의 국가방어전략의 핵심이자 대표적 핵 억제 자산이며, 무기 배치와 동맹국의 편입 여부로 세계 각지의 역학구도를 뒤흔드는 미국 패권의 상징이다. 북한의 핵·미사일 개발은 천문학적 비용이 드는 MD의 구실이 되어왔다.

[*] 1994년 1차 북핵 위기의 해법으로 북한과 미국이 맺은 양자 합의. 북한은 핵무기 개발을 동결하고, 미국은 제재 완화와 함께 북한의 평화적 핵에너지 이용을 돕기 위해 경수로(원자력발전소)를 제공하는 것이 골자다. 순조롭게 이행될 경우 한반도 비핵화와 북미 관계정상화까지 예정되어 있었지만 미국 의회의 방해로 합의문 이행이 지지부진했고, 이에 북한이 별도의 핵개발을 진행함으로써 8년 만에 파기되었다.

세 번째 긴장이 표면화한 것은 2010년께부터다. 갓 막이 오른 미국-중국 전략경쟁의 여파가 한반도 문제에까지 미친 것이다. 미국이 '제국의 꿈'을 안고 강행한 아프가니스탄·이라크 침공은 '제국의 쇠퇴'를 부채질했고, 2008년 세계금융위기는 미국이 주도해온 신자유주의 경제질서의 한계를 드러냈다. 그 사이 중국은 세계 2위의 경제대국으로 올라섰다. 팍스 아메리카나, 즉 소련 붕괴 이후 20년간 누구도 넘보지 못한 미국 패권의 경쟁자로 떠오른 것이다. 도전에 직면한 버락 오바마 행정부는 '아시아 재균형' 전략을 발표한다. 한국·일본·호주·인도 등과의 관계 강화를 통해 중국을 견제한다는 게 골자였다. 주목할 대목은 같은 시기 오바마가 선택한 대북정책인 '전략적 인내Strategic Patience다. '전략적 인내'는 미국이 핵실험 등 북한의 움직임에 직접 반응하지 않는 대신 한미일 군사협력과 대북 제재에 주력한다는 방침이다. 언뜻 북한을 방치하는 듯한 미국의 이런 태도는 중국 견제, 구체적으로는 미사일방어망 구축과 한미일 동맹의 강화와 긴밀히 연결되어 있었다.

이렇듯 1990년 초반부터 세 차례에 걸쳐 발생한 북핵과 미국의 안보 전략 간 긴장은 별개의 사건도, 과거의 일만도 아니다. 한미동맹의 강화, MD와 이를 고리로 한 한미일 군사협력 추진, 무엇보다 중국과의 경쟁에서 패권을 지켜내려는 미국과 북핵의 '악연'은 현재진행형이다. 이 악연은 또 어떻게 흘러갈까? 많은 변수가 있겠지만 지난 역사를 돌이켜보면 양측의 진의를 짐작할 수는 있다. 북한은 (2019년까지만 하더라도) 미국과의 관계 개선을 모색하며 핵개발과 비핵화를 저울질해온 반면, 미국의 주류는 북핵을 해결하기보다 '제국의 지위' 유지에 이용해왔다는 사실이다.

김정은의 두 가지 결심

오바마 행정부의 첫 국무장관이자 미국 정계에서도 '주류 중의 주류'로 평가받는 힐러리 클린턴은 2013년 6월, 한 비공개 연설에서 김정은에 대해 이런 견해를 밝혔다. "김일성과 김정일까지는 다행히 미국과 최소한의 소통이 가능했고 양측의 이득을 보장해 주는 일종의 상호작용도 암암리에 인정됐다." 그러면서 "김정은은 조금 다를 수 있고, 이는 시급하게 해결해야 할 문제"라는 진단을 남겼다.[3] 힐러리 자신이 대통령이 되어 김정은을 상대해보겠다는 의지가 엿보이는 발언이다. 물론 우리가 알고 있듯 3년 뒤 미국의 대권을 잡은 이는 공화당의 도널드 트럼프였다.

어떻든 클린턴의 말처럼 김정은은 달랐다. 그는 2010년대 중반까지만 해도 초기 단계에 머물렀던 핵무력을 신속하게 완성했고, 이를 토대로 북한을 핵보유국이냐 미국과의 담판이냐는 운명의 갈림길에 세웠다. 김정은이 2017년 신년사에서 "대륙간탄도미사일ICBM이 마감 단계에 있다"라고 밝힌 것은 미국의 새 대통령 트럼프에게 던진 승부수다. 이를 증명하듯 김정은은 그해 하반기 6차 핵실험(수소폭탄) 및 ICBM 화성-15형 시험발사 후 '국가 핵무력 완성'을 선언했고, 이듬해 3월에는 남북·북미 정상회담을 제안하는 광폭 행보를 보인다. 요컨대 미국을 상대로 '힘의 균형'을 이룬 만큼 비핵화까지 테이블에 올려놓고 담판에 나선다는 '결심'으로 풀이된다.

미국의 적대국이 미 본토를 타격권에 둔 핵미사일 개발을 공언하고 그 문턱에 도달한 것은 1960년대 중국 이후 반세기만에 벌어진 '사건'이다. "시급하게 해결해야 할 문제"라는 힐러리의 판단이 적중한 셈이다. 그러나 이 문제를 풀어갈 주인공은 힐러리가 아닌 도널드 트럼프였다. 때마침 2017년 1월 오바마가 퇴임하며 후임 대통령에게 건넨 "북한의 핵과 미사일 프로그램이 미국 국가안보의 최대 도전이 될 것"이라는 조언도 '협상의 달인'을 자처하는 트럼프를 자극했다. 마침내 그는 '북핵문제를 해결할 사람은 나밖에 없다'며 김정은이 제안한 협상에 호기롭게 응했다. 태평양을 사이에 둔 북미 간 역사적 담판의 중재자로 나선 또 하나의 주역은 문재인 정부였다. 이제는 아련한 일장춘몽으로 남은 2018년 '한반도 평화 프로세스'의 시작이다.

김정은의 '결심'에 변화가 포착된 것은 2018년부터 2019년 상반기까지 이어진 '톱-다운' 방식의 남북·북미 협상이 허망하게 끝난 뒤부터다. 많은 전문가는 그 가운데서도 2019년 2월에 일어난 2차 북미정상회담의 실패, 즉 '하노이 노딜No Deal'이 김정은의 변심에 결정적이었다고 본다. 평양에서 베트남 하노이까지는 육로로 4000km다. 북한의 최고지도자로서 그 길을 2박3일간 열차를 타고 달려왔다가 아무 성과 없이 빈손으로 되돌아간 김정은의 입장을 고려한다면 적잖은 영향을 끼친 사건임에는 틀림없다.[4]

그러나 김정은의 변심을 하노이 회담 실패 하나로만 바라보는 것은 게으른 분석이다. 그보다는 같은 해 6월 30일 남북미 정상의 '판문점 번개팅'이 안 하니만 못한 결과를 낳은 것이 더 결정적이라고 봐야 한다. 후술하겠지만 하노이 노딜이 김정은에게 '충격'이라면, 판문점 번개팅 이후 일련의 흐름은 김정은을 변심을 넘어 또 다른 '결심'으로 이끌었기 때문이다. 김정은의 두 번째 결심이란 북한이 남북관계와 북미관계에 대한 미련을 접고 핵무력을 정치·안보·경제·외교를 아우르는 '조선민주주의인민공화국의 국체國體'로 삼은 것이다.

이후 김정은의 두 번째 결심은 미국의 정권교체 소식에도 흔들림이 없다. 트럼프의 재선을 저지한 조 바이든이 백악관 입성을 앞둔 2021년 1월, 북한은 8차 노동당 대회를 개최했다. 이 자리에서 김정은은 미국을 '최대의 주적'으로 규정한 데 이어 "강 대 강, 선 대 선의 원칙에서 미국을 상대할 것"이라고 천명한다. 그는 "새로운 조미(북미)관계 수립의 열쇠는 미국이 대조선 적대시 정책을 철회하는 데 있다"라면서도 "미국에서 누가 집권하든 미국이라는 실체와 대조선 정책의 본심은 절대로 변하지 않는다"라고 강조하며 '대미 장기전'의 결의를 다졌다.

'새로운 북한'을 안내하는
27통의 친서

북미관계를 비롯한 한반도 정세는 먹구름이 짙어지고 있다. 조 바이든 행정부는 "언제 어디서든 조건 없이 북한 측 파트너와 만날 의사가 있다"라고 밝혔지만, 북한은 묵묵부답이다. 두가지 엇박자 때문이다. 무엇보다 북한이 비핵화는 더 이상 대화 의제가 아니라고 못 박은 상황에서 미국의 '조건 없는 대화' 제안엔 매번 "한반도의 완전한 비핵화를 위한"이라는 수식어가 따라붙고 있다. 또 하나는 북한은 대화의 조건으로 미국의 '적대시 정책' 철회를 요구하는 반면, 그 적대의 핵심으로 지목한 한미연합훈련과 미국의 전략자산 전개는 더욱 강화되고 있는 것이다.

북한은 갈수록 강경한 입장이다. 2021년만 해도 '선 대 선'을 언급하며 대화의 여지를 남긴 김정은은 2023년 3월 ICBM 화성-17형 시험발사 자리에서 "핵에는 핵으로, 정면대결에는 정면대결로 대답할 것"이라는 말로 한층 호전적인 태도를 보였다. 이러한 입장은 5월 김여정의 담화에서 거듭 확인된다. "미국과 그 앞잡이들과는 대화할 내용도 없고 대화의 필요성도 느끼지" 않는다며, "우리는 미국과의 대결의 장기성을 잘 알고 있으며 예상되는 위협과 도전들을 의식하고 포괄적인 방면에서 전쟁억제력 제고에 모든 것을 다해나갈 것"이라고 밝힌 것이다.

이렇듯 2020년대의 북한은 지난 30년간의 북한과 '다른 나라'다. 특히 2018-2019년과 그 이후의 판이한 태도 변화에 주목해야 한다. 북한이 이렇게까지 달라진 까닭은 무엇일까? 보수 정파가 폄훼하듯 '김정은의 위장 평화쇼에 놀아난 것'일까? 아니면 제제와 압박으로만 일관한 미국의 태도가 북한의 대화 의지를 꺾은 것일까? 어느 쪽이든 제대로 된 분석을 위해선 그간의 시간을 복기할 필요가 있다. 때마침 김정은과 트럼프가 2018년 4월부터 이듬해 8월까지 주고받은 27통의 친서 전문이 공개되었다. 전·현직 주미 특파원 모임인 한미클럽이 2022년 9월 25일 《한미저널》에 공개한 이 전문은 당시 상황을 재구성하는 데 더없이 요긴한 사료다. 우선 '하노이 노딜' 이후 김정은과 트럼프 사이의 이야기를 들여다보자.

2019년 여름의 ███████

█████████ 파국

██████████ 2

2018년 7월 김정은이 트럼프에게 보낸
친서. 두 정상이 2018년 4월부터 이듬해
8월까지 주고받은 27통의 친서 곳곳에는
북미관계에 대한 김정은의 기대와 환멸,
미련, 변심의 과정이 드러나 있다.

미 합중국 대통령
도날드 트럼프각하

친애하는 대통령각하.

21일전 싱가포르에서 있은 각하와의 뜻깊은 첫 상봉과 우리가 함께 서명한 공동성
명은 참으로 의의깊은 려정의 시작으로 되였습니다.

나는 두 나라의 관계개선과 공동성명의 충실한 리행을 위하여 기울이고있는 대통령
각하의 열정적이며 남다른 노력에 깊은 사의를 표합니다.

조미사이의 새로운 미래를 개척하려는 나와 대통령각하의 확고한 의지와 진지한 노
력, 독특한 방식은 반드시 훌륭한 결실을 맺게 될것이라고 굳게 믿고있습니다.

대통령각하에 대한 변함없는 믿음과 신뢰가 앞으로의 실천과정에 더욱 공고해지기
를 바라며 조미관계개선의 획기적인 진전이 우리들의 다음번 상봉을 앞당겨주리라고 확
신합니다.

조선민주주의인민공화국 국무위원회 위원장

김정은

2018년 7월 6일
평양

하노이 노딜 이후 3주가 지난 2019년 3월 22일, 트럼프는 친서를 통해 '김정은 달래기'에 나섰다. "위대한 국가를 세운 김일성 주석의 탄신 기념일을 앞두고 따뜻한 안부 인사를 전하고자 편지를 쓴다. (…) 위원장님과 내가 공통된 목표를 계속 견지한다면 앞으로 다가올 수개월, 수년 동안 무엇인가 함께 성취할 수 있다는 큰 희망과 기대를 갖고 있다." 80일 뒤 김정은은 "우리 사이의 심오하고 특별한 우정은 (…) 북미관계의 진전을 이끌 마법과도 같은 힘으로 작용할 것으로 믿는다"라고 답신했다. "거기에 희망을 걸고 있고" "마주 앉을 날이 언젠가 올 것"이라는 표현도 눈에 뛴다. '미워도 다시 한번'이라고, 지푸라기라도 잡으려는 김정은의 심정이 엿보이는 대목이다.

이틀 후 트럼프도 "전적으로 동의한다"라고 화답했다.

남북미 판문점 회동과
두 가지 약속

'언젠가 마주 앉을 날'은 예상보다 빨리 찾아왔다. 그해 6월 트럼프는 일본에서 열리는 G20 정상회의에 참석한 뒤 한국을 방문할 예정이었다. 그런데 서울행 비행기에 오르기 직전인 6월 29일 자신의 트위터에 "김 위원장이 이것을 본다면, 나는 비무장지대DMZ에서 그를 만나 악수를 나누고 인사를 할 수 있을 것"이라는 메시지를 남긴 것이다. 사실 트럼프는 정상회담에 앞서 실무회담을 제안했고, 미 국무부 역시 북미 정상이 만날 계획이 없다고 밝혀왔다. 그럼에도 입장을 바꾼 데는 3개월 전의 친서 교환이 작용했을 것이다. 트럼프의 '관종 기질'도 한몫했다. 그는 자신이 참석하는 G20 정상회의보다 민주당 대선후보 TV토론에 주목하는 미국 언론에 불만을 토로하고 있었다. 그런 상황에서 던진 깜짝 제안은 톡톡한 효과를 봤다. 트럼프의 트윗 이후 미 언론의 헤드라인이 바뀐 것이다.

트위터발 트럼프의 제안에 김정은은 정식 외교문서를 요

청했다. 트럼프는 곧장 친서로 답했다. "저는 (6월 30일) 오후에 DMZ 근처에 있을 것인데, 군사분계선 남쪽 편에 있는 평화의 집에서 오후 3시 30분에 만날 것을 제안"한 것이다. 김정은이 이를 수락하고, 문재인도 트럼프와 동행하면서 판문점에서의 남북미 정상회동, 이른바 '판문점 번개팅'이 성사되었다. 이 자리에서 트럼프는 그해 8월로 예정된 한미연합훈련 취소를 약속한다. 김정은은 북미 실무회담에 응하겠다고 화답했다. '하노이 노딜'로 좌초 위기에 처한 한반도 평화 프로세스가 되살아나는 듯했다.

그런데 회담 직후 나온 《뉴욕타임스》의 보도가 논란을 일으킨다. 트럼프가 적enemy이라고 부른 바 있는 이 매체는 "판문점 회동 몇 주 전부터 트럼프 행정부 일각에서 새로운 협상의 기초를 창출할 수 있는 진지한 아이디어가 만들어지고 있"으며 "핵동결이 그 개념"으로, "이는 암묵적으로 북한을 핵보유국으로 간주하는 것으로써 트럼프 행정부가 결코 받아들이지 않겠다고 말했던 것"이라고 꼬집었다. 그러면서 북핵 동결 아이디어는 "트럼프가 '재앙'이라고 비난했던 (오바마 행정부가 맺은) 이란 핵협정에도 한참 못 미친다"라고 혹평했다.[5]

판문점 회동에서 배제된 존 볼턴 백악관 안보 보좌관이《뉴욕타임스》보도에 주목했다. 그는 자신의 회고록에서 이 문제에 대해 "하노이에서 트럼프가 거절함으로써 묻혔던 아이디어가 이전보다 더 나쁘게 되살아났다. (…) 나를 포함해 국가안전보장회의NSC의 어떤 사람도 '북핵 동결 추구'를 검토하지도 들어보지도 못했다. 이것은 대통령을 궁지에 몰아넣기 위해 누군가 꾸민 괘씸한 시도다. 여기엔 대가가 있어야 한다"라고 기록했다. 그러면서 볼턴 자신이 북핵 동결안의 제안자로 지목한 스티븐 비건 대북정책 특별대표를 정책 결정과정에서 소외시키려고 했다. 회고록에 따르면 볼턴은 이 문제를 마이크 폼페이오 국무장관에게 제기했고, '우파로부터의 공개적인 공격'을 걱정한 폼페이오는 비건에게 "대북정책에 관한 NSC 회의에 참석하지 말라"라고 말했다.[6] 북한은 판문점 회동 이후 북미 실무회담을 8월로 제안했는데 정작 회담 파트너인 비건이 미국의 대북정책 결정에서 소외된 셈이다. 극적으로 성사된 판문점 회동에서의 합의 가운데 하나가 동력을 상실하고 있었다.

또 하나의 합의는 한미연합훈련 중단 약속이다. 그런데 판문점 회동 이후에도 한미 양국은 연합훈련의 중단이나 연기를 발표하지 않았다. 오히려 볼턴의 회고록에 따르면, 그는 2019년 7월 청와대를 방문해 정의용 안보실장과 한미연합훈련 실시를 합의했다. 대통령의 약속을 참모가 뒤집은 셈이다. 그럼에도 "트럼프는 한미연합훈련(지휘소 연습)을 실시하기로 한국과 합의했다는 보고에 대해 좋아하지는 않았지만 누그러진 모습을 보였다". 볼턴은 당시 트럼프의 주 관심사는 방위비 분담금 인상 문제였다고 증언한다.[7] 결국 판문점 회동의 또 다른 합의마저 파기된 것이다.

김정은의 최후통첩

8월 초, 한미 국방부가 연합훈련 실시 방침을 발표하자 김정은은 다시 펜을 들었다. 8월 5일자 장문의 편지에서 그는 "나는 도발적인 연합군사훈련이 중요한 문제를 논의하기 위한 북미 실무회담에 앞서 취소되거나 연기되는 것으로 알고 있었다. (…) 이 훈련은 누구를 겨냥한 것이냐"라고 따져 물었다. 이어 "나는 미군이 이러한 남한의 편집광적이고 매우 과민한 행동에 관여하고 있는 것이 더욱 마음에 들지 않는다. (…) 너무 기분이 나쁘다. 이 감정을 당신에게 숨기고 싶지 않다"라고 토로했다. 나아가 그는 "나와 내 인민들은 당신과 남한 당국의 결정과 행동을 이해하기 매우 어렵다. (…) 미국과 골칫거리로 인식하는 (북한의) 미사일 위협과 핵문제의 가장 중요한 원인은 우리의 안전을 위협하는 미국과 남한의 군사적 행동들"이라고 주장했다. 그러고는 "이러한 요인들이 제거되기 전까지는 이전과 다른 결과를 기대할 수 없다"라며 북미 실무회담을 연기하겠다는 뜻을 밝혔다.

이처럼 김정은이 한미 두 나라에 실망과 배신감을 쌓아가는 동안, 트럼프는 자화자찬에 빠져 있었다. 자신의 활약으로 북한의 핵실험과 장거리 미사일 발사가 중지되었고 억류된 미국인과 유해가 돌아왔으며, 심지어 '3차 세계대전'도 막았다며 자랑을 멈추지 않았다. 김정은은 친서에서 이를 언급하며 "각하께서 해주신 것이 무엇이며, 나는 우리가 만난 이후 무엇이 바뀌었는지에 대해 인민들에게 어떻게 설명해야 하나?"라고 따졌다. 그는 "각하께서 우리의 관계를 오직 당신에게만 득이 되는 디딤돌로 여기는 것이 아니라면, 나를 주기만 하고 아무런 반대급부도 받지 못하는 바보처럼 보이도록 만들지는 않을 것"이라며 스스로를 가리켜 '바보'라는 표현까지 사용했다. 아울러 조바심을 보이던 이전과는 달리 "우리는 그때와 다른 상황에 처해 있고, 서두를 이유가 없다"라고 덧붙였다.

김정은이 북미 실무회담 연기를 결정한 것은 한미연합훈련 때문만은 아니었다. 실무회담의 의제가 "내가 간절히 원했던 제재 완화 문제에 대한 것도 아닐 것"이라는 판단도 작용했다. 실제로 2019년 10월 스웨덴 스톡홀름에서 열린 실무회담도 '노딜'로 끝났다. 결렬의 이유는 대북 제재 문제였다. 회담에 앞서 트럼프는 "제재는 유지되어야 한다"라며 선을 그었고, 협상단 역시 "동시적·병행적 이행"에 제재는 예외라는 입장을 고수했다. 북한은 회담 결렬을 선언했다. '생존권과 발전권', 즉 대북 제재에서 미국의 태도 변화가 없다는 이유였다. 김정은의 불길한 예감은 적중했다. 미국의 변화 시한을 2019년 연말로 못 박았던 북한은 이제 "새로운 길"을 향해 거침없이 내달리기 시작했다.

돌이켜보면 정상 간의 합의를 뒤집고 2019년 8월에 한미연합훈련을 강행한 것은 치명적인 과오였다. 그 시기에 연합훈련 대신 북미 실무회담이 열렸다면 상황은 크게 달랐을 것이기 때문이다. 때마침 9월에 훼방꾼 볼턴이 경질되었기에 더욱 그렇다.

미국의 속내와
북한의 새로운 길

김정은은 2019년 신년사에서 "언제든 또다시 미국 대통령과 마주앉을 준비가 돼 있다"라면서도 이런 경고를 남겼다. "미국이 우리 인민의 인내심을 오판하면서 공화국에 대한 제재와 압박으로 나간다면 우리로서도 새로운 길을 모색하지 않을 수 없게 될 수도 있다." 이후 하노이 노딜과 판문점 회동의 실패를 맛본 그는 연말에 "새로운 역사적 전환"을 이야기하며 "역사적인 보고"에 나섰다. "변화된 대내외 정세에 맞게 국가의 전략적 지위와 국력을 강화하겠다." 신년사에서 언급한 '새로운 길'이 국방력, 그 가운데서도 남북·북미 정상회담 과정에서 주춤했던 핵무력 건설임을 천명한 것이다. 실제로 2020년부터 북한은 핵무력 강화를 향한 폭주를 멈추지 않고 있다.

'세기의 담판'으로 주목받은 북미정상회담과 한반도 평화 프로세스는 이렇게 허망하게 끝났다. 존 볼턴은 이에 대해 "북한이 핵을 포기할 것이라고 믿는 사람은 트럼프 대통령과 문재인 대통령밖에 없다"라고 주장한다. 그러면서 자신의 임무는 트럼프가 김정은의 속임수에 말려들지 않도록 하는 것으로, 어쨌거나 비핵화 협상이 좌초되었기에 자신이 옳았으며 성공했다고 자평한다. 물론 이는 전형적인 '자기 충족적 예언 Self-Fulfilling Prophecy'이다. 트럼프가 김정은에게 약조한 한미 연합훈련 중단, 종전선언, 제재 완화 가운데 어느 것도 지켜진 것이 없었고, 그 식언의 과정에는 늘 볼턴이 있었기 때문이다.

트럼프의 참모진이 혹평만 내놓은 것은 아니다. CIA 국장과 국무장관으로 두 차례의 북미정상회담을 총괄한 마이크 폼페이오는 결과적으로 "북한으로부터 우리가 원한 것을 얻지는 못했다"라면서도 일정한 성과를 강조한다. 무엇보다 2018년 6월 첫 북미정상회담 이후 북한의 핵실험이나 장거리 로켓 발사가 트럼프의 임기 동안에는 없었다는 것이다.

그는 회고록에서 "오바마 대통령이 트럼프 당선자에게 '북한은 국가안보의 최대 도전이 될 것'이라고 말했다"라는 점을 언급하며 "이는 꽤나 좋은 결과였다"라고 평가한다. "(비핵화라는) 완전한 목표에는 도달하지 못했지만, 대다수 미국인이 환영할 수 있는 성과"라는 것이다. 폼페이오는 이러한 성과가 "우리가 '드러내기showing up'의 중요성을 알았기에 거둔 결실"이라고 평가한다.[8] 김정은이 간절히 원한 정상회담에 트럼프가 응하면서 두 정상 간의 유대가 만들어졌고, 그 덕분에 이 정도라도 가능했다는 것이다.

폼페이오의 발언은 30년간 타결되지 못한 북핵 협상에 대한 근본적 의문, 즉 '미국이 과연 한반도의 완전한 비핵화를 원할까?'라는 의구심과 맞닿아 있다. 북핵문제는 미국이 주도해온 '비확산체제'에 대한 도전인 동시에, 특히 동아시아에서 미국의 군사적·전략적 이익을 도모하는 수단(북핵 위협론)이다. 역대 미국 행정부는 이 둘 사이에서 갈팡질팡했다. 특히 트럼프는 북한의 핵실험 및 장거리 로켓 발사 중지 약속을 받아들자마자 관심을 비핵화 협상에서 방위비 분담금 인상으로 돌렸다. 결과적으로 미국은 북핵 '동결'에도 실패했다. 북한이 미국을 '최대의 주적'으로 지목한 2021년 1월 이후 고도화한 북핵은 미국 본토까지 뻗치고 있다.

1장에서 북한이 대미 관계에 미련을 접었다고 분석했다. 이런 판단의 가장 확실한 근거가 바로 비핵화에 대한 북한의 입장 변화다. 2019년까지 비핵화는 북미관계 정상화와 '교환관계'였다. 여기서 '정상화'란 단순히 국교 수립뿐만 아니라 대북 제재 해제, 평화체제로의 전환까지 아우르는 것이다. 하지만 이제 북한은 비핵화를 내줄 수 있는 카드로 여기지 않는다. 핵무력은 북한의 '국체'(2021년 1월 8차 당대회)이며, 핵무력 법제화(2022년 9월)를 통해 불가역적인 핵보유국임을 선언한 것이다.

말뿐이 아니다. 북한이 8차 당대회에서 제시한 '전략무기 5대 과업'을 보자. 각각 MD를 무력화할 수 있는 극초음속 미사일, 하나의 미사일에 각기 다른 목표물로 향하는 다탄두개별유도기술MIRV을 적용한 초대형 핵탄두, 고체발동기 대륙간탄도미사일ICBM, 핵잠수함과 수중발사 전략무기, 군사정찰위성 및 무인정찰기 등인데, 북한은 이들 무기를 이미 개발했거나 그 목전에 와 있다. 전술핵무기(전술핵, 비전략핵)[*]도 마찬가지다. 8차 당대회에서 개발 의지를 천명한 북한은 2023년 1월에는 '전술핵무기의 다량생산'을 공언했고, 2023년 3월 '화산-31형'을 공개했다. 직경 40-50cm가량의 이 소형 핵탄두는 방사포와 전술 미사일에 탑재가 가능할 것으로 추정된다.

결국 김정은이 선택한 새로운 길은 '핵무력의, 핵무력에 의

---

* 수십 킬로톤kt 이내의 폭발력을 가진 소형 핵무기. 탄두를 소형화해 야포와 단거리 미사일 등에 탑재해 발사할 수 있다. 이에 비해 대륙간 탄도미사일 ICBM, 잠수함발사탄도미사일SLBM, 장거리 폭격기 등에 탑재되는 전략핵무기(전략핵)는 사정거리가 길고 수백 킬로톤에서 메가톤급 위력을 가져 전쟁의 판도를 좌우하는 전략적 목적에 사용된다.

한, 핵무력을 위한 길'이다. 국가를 지키는 힘은 핵무력에 있고, 핵무력을 바탕으로 경제발전을 꾀하며, 이를 위해 비핵화 옵션을 협상 테이블에 올리지 않겠다는 것이다. '낡은 길' 아니냐고 반문할 수 있다. 그러나 이 선택이 불러올 파장과 한반도를 포함한 동아시아 정세의 변화는 당시의 김정은 본인도 짐작하지 못했을 것이다.

남북,

역대급 환대에서 근친증오로

3

문재인 정부 시기 잘 나가던 남북관계가 틀어진 계기로 흔히 2019년 2월의 '하노이 노딜'이 거론된다. 북미 정상회담 실패의 여파가 남북관계까지 꼬아버렸다는 것이다. 특히 문재인 정부나 민주당 인사들이 이 점을 강조한다. 문재인 정부가 잘 다져놓은 남북관계를 윤석열 정부가 망쳤다는 주장도 곧잘 등장한다. 하지만 이는 선후 관계가 잘못된 분석이다. 김정은과 문재인의 관계는 2018년 남북 간 화해 분위기가 최고조일 때부터 이미 문제가 있었다. 나아가 1990년대 이래 반목과 해빙을 반복하던 남북이 서로 돌아올 수 없는 다리를 건넌 것도 문재인 정부 후반기의 일이다.

잘잘못을 가리자는 뜻이 아니다. 진영 논리를 떠나 실패를 인정하되, 복기하고 성찰해보자는 것이다. "같은 행동을 반복하면서 다른 결과를 기대하는 것만큼 어리석은 일도 없다"라는 아인슈타인의 말처럼, 성찰의 결핍은 같은 실수의 반복을 부른다. 남북관계의 절정기인 2018년으로 돌아가보자.

'문재인 패싱'을 요구한 김정은

"나는 향후 한국의 문재인 대통령이 아니라, 각하와 직접 한반도 비핵화 문제를 논의하길 희망하며, 지금 문 대통령이 우리의 문제에 대해 표출하고 있는 과도한 관심은 불필요하다고 생각합니다."

2018년 9월 21일 김정은이 트럼프에게 보낸 친서의 한 대목이다. 남북 정상의 카퍼레이드와 문재인의 능라도 경기장 연설, 백두산 천지 동반 등반 등 숱한 화제를 뿌린 평양 남북정상회담 종료 하루 뒤에 작성된 친서다. 당시 북한은 문재인 대통령을 비롯한 남측 방북단에 '역대급 환대'를 베풀었다. 이틀 전 두 정상이 함께 발표한 9월 평양공동선언의 핵심은 "남과 북은 한반도의 완전한 비핵화를 추진해나가는 과정에서 함께 긴밀히 협력해나가기로 했다"이다. 그런데도 김정은은 왜 트럼프에게 '문재인 배제'를 요구한 것일까?

무엇보다 김정은은 2018년 6월 1차 북미정상회담에서 트럼프와 직접 나눈 대화와 그 이후 폼페이오를 비롯한 미 행정부 관료들의 발언, 그리고 북미 간 중재를 자처한 문재인 정부의 말이 서로 다르다고 여겼을 공산이 크다. 그래서 트럼프의 의중을 직접 확인하고 담판을 짓고 싶었을 것이다. 실제로 김정은은 트럼프의 최측근이자 북미회담 실무총책인 폼페이오까지 배제하려고 했다. 그는 폼페이오의 방북이 취소된 직후인 2018년 9월 6일자 친서에서 "각하의 의중을 충실히 대변할 수 있으리라 생각하기 어려운 폼페이오 장관과 우리 양측을 갈라놓는 사안에 대해 설전을 벌이기보다는, 탁월한 정치적 감각을 타고난 각하를 직접 만나 비핵화를 포함한 중요 현안들에 관해 심층적으로 의견을 교환함이 더 건설적일 것"이라고 설득했다.

그렇다면 김정은이 확인하려던 문제는 무엇일까? 먼저 종전선언이다. 종전선언은 2018년 4월 판문점에서의 남북정상회담 합의문에 담겼고, 1차 북미정상회담에서 트럼프도 약속한 사안이다. 이에 정전협정 체결일(7월 27일)을 '디-데이'로 잡은 북한은 미국인 억류자 송환과 미군 유해 발굴 협조를 종전선언의 마중물로 준비했다. 그런데 7월 6일 정상회담의 후속 협의를 위해 방북한 폼페이오는 '최종적이고 완전히 검증되는 비핵화FFVD'부터 다루자고 북한을 압박했다. 종전선언 논의는 뒷전이었다. 북한은 "순진했다"라고 자책하면서도 기대를 접지는 않았다. 김정은이 7월 30일자 친서에서 "기대했던 종전선언이 없는 것에 대해 아쉬움"을 표하면서도 "이른 시일 내에 분명 빛을 보게 될 것이라고 확신한다"라고 덧붙인 것은 그런 맥락이다.

부도수표가 된
종전선언과 제재 완화

2018년 8월, 종전선언을 둘러싼 한미 간 엇박자가 수면 위로 드러난다. 미국의 외교안보 관료들은 종전선언의 선행 조건으로 핵신고를 비롯한 북핵문제의 상당한 진전을 요구했다. 종전선언이 유엔사와 주한미군의 지위, 그리고 한미연합 방위태세에 악영향을 가져올 것이라는 우려도 제기했다. 실제로 트럼프가 한미연합훈련 중단을 발표하고 주한미군 철수를 시사하던 시기였다. 9월 20일 남북정상회담 직후 대국민 보고에서 문재인은 종전선언은 비핵화에 추동력을 부여하기 위한 '정치적 선언'일 뿐, 주한미군은 물론이고 유엔사의 지위에도 아무런 영향을 주지 않는다고 강조했다. 그런데 북한 입장에서 둘은 엄연히 다른 문제였다. 북한은 주한미군 주둔은 용인하면서도 유엔사는 해체해야 한다고 주장해왔다. 김정은으로선 당연히 트럼프의 의중을 직접 확인하고 싶었을 것이다.

그뿐만 아니다. 같은 자리에서 문재인은 "북한이 완전한 비핵화를 이룰 때 평화협정을 체결함과 동시에 북미관계를 정상화한다는 것이 우리가 종전선언을 사용할 때 생각하는 개념"이라며, "김 위원장도 똑같은 개념으로 종전선언을 생각하고 있다"라고 말했다. "평화협정은 완전한 비핵화가 이뤄지는 최종단계에서 이뤄지게 된다"라는 것도 거듭 강조했다. 하지만 과연 김정은이 이렇게 인식했을까? 혹은 동의했을까? 아니라고 본다. 북핵 협상에서 북한의 일관된 입장은 '평화협정은 비핵화 이전에 체결한다'이기 때문이다.

더구나 2018년 6월에 나온 싱가포르 북미공동성명은 "새로운 북미관계 수립-한반도에서 항구적이고 공고한 평화체제 구축-한반도의 완전한 비핵화" 순서로 구성되었다. 무엇보다 평화체제는 평화협정 합의안의 이행 과정에서 구축되는 것이다. 이러한 맥락에서 완전한 비핵화가 이뤄지는 최종단계에 평화협정을 체결한다는 것은 북한이 받아들일 수 없는 구상이다.

헤어진 지 하루 만에 자신의 입장과 동떨어진 발언을 쏟아내는 남한 대통령을 보며 김정은은 혼란과 함께 문재인을 북미 대화에서 배제할 필요를 느꼈을 것이다. 또 '정치적 선언'에 불과한 종전선언이 비핵화 압박은 높이면서 평화협정 체결은 마지막으로 미루는 역효과를 가져오리라 우려했을 것이다.

돌이켜보면 이 시기를 지나며 북한은 종전선언에 흥미를 잃었다. 김정은이 트럼프에게 보낸 친서의 작성 일자는 9월 21일이다. 하루 전 문재인의 대국민 보고를 접하고 나서 펜을 들었을 개연성이 크다. 이날 문재인은 "북한 측에서도 우리를 통해서 미국에 전하고자 하는 메시지가 있다", "그런 역할을 트럼프 대통령을 만나면 충실히 함으로써 북미 대화를 촉진시켜 나가고자 한다"라며 다시 한번 '중재자'를 자임했다. 그러나 그 장면을 지켜본 김정은은 문재인 정부를 배제한 북미 양자 협상으로 기울고 있었다. 문재인의 말마따나 '평화협정은 비핵화의 최종 단계에서 체결한다는 구상이 남북 정상의 합의'라는 취지로 미국에 전달되면 북한으로서는 낭패이기 때문이다.

다음으론 대북 제재 문제다. 2018년 6월 싱가포르 북미정상회담에서 북한이 미국에 가장 기대한 것은 단계적 비핵화 조치에 상응하는 제재 완화였다. 북한은 당시 공동성명의 "새로운 북미관계 수립"과 트럼프 행정부가 말한 "동시적·병행적 이행"에 당연히 제재 완화가 포함된다고 여겼다. 그러나 아니었다. 다음달 정상회담의 후속 협상 테이블에서 폼페이오가 제재 완화는 비핵화가 완료될 때 고려할 사안이라며 "동시적·병행적 이행의 예외"라고 못 박은 것이다.

낙담한 김정은은 "강도적인" "악랄한" 등의 표현으로 대북 제재를 맹비난하면서 미국의 태도 변화를 촉구했다. 상황이 악화하자 문재인 정부도 단계적 비핵화에 걸맞은 제재 완화의 필요성을 언급했고, 동시에 북한에 과감한 비핵화 조치를 권고했다. 이어 트럼프는 7월 3일자 친서에서 김정은에게 "가장 중요한 사안"으로 "미사일 엔진 시험장에 기술 전문가들의 방문을 허용해줄 것"을 요구했다. 두 달 뒤인 9월 6일에 보낸 답장에서 김정은은 트럼프의 요구를 모두 수용할 뿐만 아니라 파격적인 제안을 덧붙인다. "핵무기 연구소의 전면 가동 중단과 핵물질 생산시설의 불가역적인 폐쇄"를 제안한 것이다. 물론 단서가 있었다. "우리가 기울이는 노력이 결코 헛되지 않았음을 증명해줄 우리 주변 환경의 변화를, 약간만이라도 느낄 필요가 있다." 김정은으로서는 회심의 제안인 동시에 미국의 상응조치에 대한 간곡한 요청을 담은 답신이었다.

하지만 트럼프 행정부는 냉담했다. 폼페이오 등 참모진은 '선 비핵화, 후 제재 해결'이라는 입장을 고수했고, 수시로 친서를 쓰던 트럼프는 4개월 가까이 답장하지 않았다. 김정은이 그토록 원한 제재 완화를 약점으로 간주한 셈이다. 문재인 정부의 중재도 무력했다. 일찍이 문재인은 비핵화 조치가 제재 완화로 이어질 것이라고 조언했지만, 정작 열쇠를 쥔 미국은 요지부동이었다. 종전선언과 마찬가지였다. 북한 입장에선―한국 대통령이 회담 상대거나 중재자로 나선―남북·북미 정상회담의 주요 합의가 공수표가 되는 걸 지켜본 셈이다. 김정은의 '문재인 패싱' 요구가 나온 배경이다.

"우리는 남쪽의 바보들을 약간 놀라게 했다"

2019년 2월 하노이에서 열린 2차 북미정상회담은 김정은이 트럼프의 의중을 직접 확인하는 자리였다. 김정은은 영변 핵시설의 완전 폐쇄와 대북 제재 완화를 골자로 하는 1단계 타협안을 제시했다. 하지만 트럼프는 이를 거절했고 회담은 결렬되었다. 트럼프가 1차 북미정상회담에서 중단을 약속한 한미연합훈련도 2019년 3월부터 '축소된 형태'로 재개되었다. F-35 전투기 등 한국 정부의 첨단 무기 도입도 이때부터 본격화한다. 그러면서도 문재인은 "북한의 평화를 지켜주는 것은 핵무기가 아니라 대화와 신뢰"라고 말했다.

김정은의 '권언'(권하는 말)은 이 와중에 나왔다. 그해 7월 단거리미사일 시험 발사 현장에서 김정은은 이렇게 말했다. "남조선 당국자들이 세상 사람들 앞에서는 '평화의 악수'를 연출하며 공동선언이나 합의서 같은 문건을 만지작거리고 뒤돌아앉아서는 최신 공격형 무기반입과 합동군사연습 강행과 같은 이상한 짓을 하는 이중적 행태를 보이고 있다.""바른 자세를 되찾기 바란다는 권언을 남쪽을 향해 오늘의 위력 시위 사격 소식과 함께 알린다."[*]

하지만 문재인 정부가 주목한 것은 김정은의 권언이 아니

---

[*] 문재인 정부는 간과했지만 김정은은 2021년 1월 8차 당대회에서 남한의 첨단 무기 도입과 한미연합훈련을 "근본 문제"라고 일컬을 정도로 중시했다.

라 단거리 미사일 발사였다. 정경두 국방부장관은 이를 "도발"과 "위협"으로 규정하면서 계속될 경우 김정은 정권과 북한군을 "적으로 간주하겠다"라고 밝혔다. 국방부는 8월 초에 한미 연합훈련 실시를 예고했다. 이와 관련해 앞서 살펴본 8월 5일자 김정은의 친서에는 문재인 정부를 '바보'라고 표현한 대목이 등장한다.

김정은은 "한국을 공격하거나 전쟁을 시작할 의도가" 없는데, 왜 문재인 정부는 "잔혹한 동족상잔의 전쟁이 있을 것이라는 전제하에 자신들이 대비하는 것이라고 말하며 소란을 피우느냐"라고 따졌다. "우리와의 관계를 개선시켜 군사적 긴장을 완화하는 방안을 강구하는 편이 오히려 더 현명할 것"인데, 왜 첨단 무기 도입과 연합훈련을 계속하느냐는 핀잔도 함께였다. 친서 말미의 "우리는 남쪽의 바보들을 약간 놀라게 했고 이는 퍽 재밌었다"라는 대목도 눈에 띈다. 단거리 미사일 발사로 들썩인 남한의 반응에 쓴웃음을 지어본 것이다.

악재는 거기서 그치지 않았다. 문재인 정부의 국방부는 한미연합훈련 예고에 이어 '2020-2024년 국방중기계획'을 발표했다. 5년간 290조 원을 투입하는 대규모 군비증강 사업으로, 이 또한 2018년 남북 정상이 합의한 '단계적 군축'을 뒤엎는 정책이었다. 이런 상황에서도 문재인은 '남북한이 힘을 합쳐 일본을 따라잡자'는 메시지(2019년 광복절 경축사)를 던졌고, 북한은 "삶은 소대가리 양천대소할 노릇"이라며 "남조선과 더 이상 상종하지 않겠다"라고 선언했다. 끝끝내 남북관계는 깊은 수렁에서 빠졌고, 수년째 헤어나올 기미도 없다.

탈냉전적 사고와
냉전적 국방정책

"삶은 소대가리" 운운하는 북한의 메시지에는 '근친증오'가 풍긴다. 가까운 사이일수록 배신당했을 때의 증오심도 큰 법이다. 김정은은 2018년 두 차례의 남북정상회담에서 군 수뇌부를 총동원해 남한 대통령에게 거수경례를 안겼다. 의례적 의전을 넘어 군사적 적대 상황 해결에 의지를 보인 것이다. 하지만 이후 상황은 거꾸로 흘렀다. '단계적 군축'을 합의한 문재인 정부는 '역대급 군비증강'에 나섰고, 트럼프가 중단을 약속한 한미연합훈련도 재개된다. 연합훈련에는 수복지역에 대한 치안·질서 유지와 안정화 작전까지 포함되었는데, 이는 사실상 '북한 점령 훈련'을 의미한다. 남한 대통령에게 거수경례까지

한 북한군 수뇌부는 이런 상황을 어떻게 보았을까? 군의 보고를 받은 김정은은 문재인과 그의 정부에 어떤 생각을 품었을까?

이후로도 한미는 같은 행보를 반복했다. 북한이 '적대시 정책'이라고 비난해온 연합훈련과 군비증강을 계속 추진한 것이다. 문재인 정부가 백신 등 코로나 방역·의료 물자의 인도적 지원과 금강산 관광을 재개할 뜻을 밝혔지만, 북한은 이를 "비본질적 문제"라며 거부하는 양상도 반복되었다. 북한의 약점을 잡았다고 본 트럼프 행정부는 독자 제재를 강화했고, 북한은 이에 비명이 아니라 코웃음을 짓는 태도로 돌아섰다.

2023년 현재까지 문재인 정부는 남북관계와 관련해 두 가지 상반된 기록을 남겼다. 하나는 남북정상회담을 가장 많이 경험한 정부라는 것이다. 다섯 차례의 정상회담 가운데 김대중·노무현 정부에서 각각 한 번씩, 나머지 세 차례의 회담은 모두 문재인의 집권기인 2018년에 열렸다. 한편 (공식적으로) 1971년부터 시작된 남북 대화가 가장 오랫동안 단절된 기록도 문재인 정부의 것이다. 2018년 12월 도쿄올림픽 단일팀 구성을 논의한 체육회담을 끝으로 2022년 5월 임기 만료까지 공개된 남북 대화는 '제로'다.

주목할 점은 또 있다. 2017년 문재인이 대통령 선거에 출마하며 내놓은 공약 가운데 이행률이 가장 높은 것은 무엇일까? 바로 국방비 증액이다. 국내총생산GDP 대비 2.4%이던 것을 2.9%로 올리겠다고 했는데, 실제로 이에 근접했다. 그 덕분에 2017년 세계 12위로 평가받은 한국의 군사력 순위는 문재인의 퇴임 무렵에는 6위로 껑충 뛰어올랐다. 반면 가장 실패한 공약은? 대북정책 분야다. 북핵 해결, 한반도 신경제지도 실행, 금강산 관광 및 개성공단 재개를 포함한 남북한 시장의 통합, 남북기본협정 체결, 북한 인권과 이산가족·국군포로·납북자 문제 해결 등 '문재인의 약속' 가운데 제대로 이뤄진 것은 하나도 없다.

문재인의 대북정책, 즉 한반도 평화 프로세스의 실패는 그의 대선 공약에서부터 예견된 일이다. 북한 국방력의 중추인 핵과 미사일을 해결한다면서 사상 최대의 군비증강에 나선 것 자체가 모순이기 때문이다. 둘 사이의 긴장이 확연해졌을 때도 문재인 정부는 군사력을 키우는 데 몰두했다. 미증유의 코로나19 팬데믹과 민생위기도 국방비의 상승 그래프를 꺾지 못했다. 한미연합훈련의 재개도 마찬가지다. 후술하겠지만 이는 트럼프의 중단 약속을 기회로 삼기보다는 전시작전권 환수에 걸림돌이 될까 노심초사한 결과다. 그리고 일련의 흐름은 남북관계에서 문재인 정부의 두 가지 상반된 기록이 결코 우연이 아님을 가리킨다. 문재인은 윤석열 정부가 "냉전적 사고에 갇혀 있다"라고 비판하지만, 정작 자신이 이끈 정부는 '탈냉전적 사고'를 가졌음에도 '냉전적 국방정책'을 계속한 것이다.

노무현의 유산과
문재인의 집착

물론 한반도 평화 프로세스의 좌초가 오롯이 문재인 정부만의 실책은 아니다. 가장 큰 책임은 종전선언과 한미연합훈련 중단, 제재 완화 등 주요 의제에서 식언을 거듭하며 협상 동력을 날려먹은 트럼프 행정부에 있다. 비핵화를 공언하면서도 비핵화의 본질인 핵물질 및 핵무기 폐기에 대해서는 이렇다 할 계획을 밝히지 않은 김정은 정권의 책임도 만만찮다. 그럼에도 짚고 넘어가야 할 것은 한반도 평화 프로세스가 한창 떠오를 때 문재인 정부의 역할은 과대평가되었고, 정작 프로세스가 좌초할 때 문 정부의 책임은 과소평가되었다는 사실이다. 이런 경향은 지금도 마찬가지다. 이와 관련해 직접 경험한 에피

소드 셋을 소개한다.

2018년 4월 판문점에서의 남북정상회담 개최 일주일 전, '국방개혁 2.0' 초안을 접할 기회가 있었다. 국방부 관계자로부터 설명을 들은 내가 물었다. "플랜B는 준비하고 있는 거죠?" 당시 초안은 대규모 군비증강을 통해 유사시 평양을 점령해 속전속결로 전쟁을 끝낸다는 계획인 데 반해 당장 남북정상회담에선 군축 문제가 중요하게 논의되리라 봤기 때문이다. 플랜B는 없다는 취지의 답변을 들은 나는 "준비하셔야 할 겁니다"라고 조언했다. 그러나 그해 말 국방예산은 무려 8.2%가 뛰었고, 이듬해 1월 문재인은 국방개혁 2.0을 재가했다. 초안 거의 그대로였다. 송영무 국방부장관은 퇴임 후 가장 자랑스러운 성과로 국방개혁 2.0을 꼽았다. 아이러니하게도 그는 2018년 9월 평양 남북정상회담의 부속합의이자 남북 간 군사적 긴장 완화와 적대행위 금지를 약속한 '9·19 남북군사합의'의 서명자였다.

2019년 6월 판문점에서의 남북미 정상회동 이후, 나는 문재인 정부와 민주당 인사들에게 8월로 예정된 한미연합훈련을 반드시 취소해야 한다고 호소했다. 나로서는 이게 한반도 평화 프로세스의 마지막 기회라고 판단했지만 정부·여당 인사들은 이 사안을 심각하게 바라보지 않았다. 반응은 두 가지였다. 하나는 연합훈련이 전시작전권 환수에 도움이 되리라는 기대, 또 하나는 연합훈련을 지휘소 연습(실제 병력이 기동하지 않는 시뮬레이션 훈련)으로 축소·실시하면 북한이 크게 반발하지 않으리라는 낙관이었다. 낙관과 달리 남북관계를 포함한 한반도 평화 프로세스는 그해 8월을 지나며 돌아오기 힘든 다리를 건넜다. 기대와 달리 전작권은 여전히 주한미군 사령관이 갖고 있다.

코로나19 팬데믹과 이에 따른 민생위기가 본격화된 2020년 9월, 기획재정부 고위 관료를 만날 기회가 있었다. 재난지원금의 지급 방식을 두고 논란이 일던 때로, 기재부는 재정건전성을 중시하는 부처답게 보편적 지원은 어렵다는 입장이었다. 나는 '이미 국방비를 많이 쓴 만큼, 내년도 국방비를 동결하면 재정건전성도 유지하면서 보편적 지원에 필요한 재원의 상당 부분을 마련할 수 있지 않느냐'는 취지로 물었다. 기재부 관료의 답변은 이랬다. "청와대의 의지가 워낙 강력해 국방비를 동결하긴 어렵습니다."

이 책을 쓰면서 '노무현 전 대통령의 유산이라 그랬을까?'라는 의문이 들었다. 전시작전권 환수와 종전선언은 모두 노무현 정부가 추진하다가 무산된 정책이다. 문재인은 노무현의 친구이자 그의 민정수석과 비서실장을 지낸 사람이다. 대통령 임기 첫해 노무현의 8주기 추도식에 참석한 문재인은 "반드시 성공한 대통령이 되어 임무를 다한 다음 다시 찾아뵙겠다"라고 다짐했다. 그리고 임기 막바지까지 종전선언과 전작권 환수에 공을 들였다. 그런데 나는 이 두 가지 사안에 대한 문재인의 집착과 남북관계를 포함한 문재인 정부 평화정책의 실패가 무관하지 않다고 생각한다.[9] 언뜻 이해하기 힘든 진단이겠지만, 요지는 이렇다.

종전선언은 그 취지의 선의와 별개로 실효성이 떨어지는 이벤트다. 문재인 정부에 따르면 종전선언은 '정치적으로는 종전인데, 법적·체제적으로는 정전'이다. 또 한국전쟁이 '끝났다'고 선언하는 것인지, '끝내자'고 선언하자는 것인지도 불분명했다. 독자들도 혼란을 느낄 것이다. 안타깝게도 이게 본질이다. 사정이 그렇다면 혼란과 혼선을 야기하는 종전선언보다는 바로 평화협정을 추진하는 편이 실용적이었을 것이다. 또 하노이 노딜 이후 교착상태를 타개하기 위해서도 전면전을 상정한 한미연합훈련을 중단하고 국방비를 동결하는 방안이 종전선언 추진보다 훨씬 효과적이었을 것이다.

하지만 문재인 정부는 어느 것도 하지 않았다. 전작권 환수에 대한 집착 때문이다. 전임 박근혜 정부와 미국의 합의에 따르면, 한국이 전작권을 돌려받기 위해서는 대규모 군비증강을 바탕으로 북한의 핵·미사일에 대한 초기 대응 능력을 확보하고 연합훈련을 통해 한국군의 작전권 행사 능력을 검증받아야 한다. 그리고 문재인 정부는 이를 그대로 계승했다. 미국 대통령이 한미연합훈련 중단을 공언한 만큼, 전작권 환수 조건에서 이를 제외하자고 요구해야 마땅하지만 그러지 못한 것이다. 한반도 평화 프로세스와 연합훈련 및 대규모 군비증강이 양립 불가능한 노선임이 분명해졌을 때도 후자를 선택하고 말았다. 요컨대 그럴 의도가 아니었을지라도, 문재인은 자신의 평화정책을 전작권 환수의 조건에 종속시킨 셈이다.

이어달리기와 ▮▮▮▮▮▮▮▮▮▮

▮▮▮▮▮▮▮▮▮▮ 담대한 구상

▮▮▮▮▮▮▮▮▮▮▮▮ 4

2022년 10월 동해를 향해 발사되는
북한의 단거리 탄도미사일.
한미동맹이 군용기 270대를
동원해 벌인 세계 최대 규모의
공중연합훈련에 북한은 '미사일
쇼'로 맞불을 놨다. 남북은 5년째
대화를 끊고 서로를 향한 근육
자랑에만 몰두하고 있다.

문재인 정부 5년은 남북 간 무력 충돌이 벌어지지 않은 시기다. 여기에는 2018년 한반도 평화 프로세스의 산물인 9·19 남북군사합의가 큰 역할을 했다. 이는 문재인 정부의 최대 성과이자 후임 정부가 계승·발전시켜야 할 평화의 씨앗이다.

동시에 문재인 정부 5년은 한반도 평화가 더 멀어져간 시기다. 문재인의 재임기에 북한은 남북·북미 대화를 닫아걸고 안보는 핵으로, 경제는 자력갱생으로, 외교는 중국과 러시아를 중심으로 활로를 정했다. 북한의 이런 노선은 강경책이든 유화책이든 기존 대북정책의 유효기간이 끝났음을 의미한다. 설상가상으로 미중 전략경쟁과 러시아-우크라이나 전쟁의 장기화는 한반도 주변국들의 대북정책 집중도와 협동성까지 크게 떨어뜨렸다. 그 결과 1990년대 이래 모든 정부의 대북정책 목표인 한반도 비핵화는 요원한 바람이 되어버렸다. 그런데 문재인 정부의 이런 실패는 그 반대편에 선 윤석열 정부에도 커다란 부담이다. 남북관계와 한반도 평화를 도모하기에 매우 불리한 정세를 안고 출범했다는 뜻이기 때문이다.

대북정책에서 보수가 유리한 까닭

윤석열 정부에 길이 없는 것은 아니다. 그 길의 시작은 대한민국에서 보수 정권이 중도·진보 정권보다 정치적으로 훨씬 유리한 위치임을 자각하는 것이다. 대북정책만 놓고 보더라도 보수 정권은 전향적 입장이나 노선을 추진해도 종북이니 친중이니 하는 정치적 시비에서 비교적 자유롭다.

미국도 비슷하다. 미국 현대사에서 최대 규모의 핵무기 증강은 민주당 케네디 행정부에서 이뤄졌다. 그 후임인 존슨 행정부는 미사일방어체제MD에 시동을 걸었다. 정작 MD와 핵군비 증강에 제동을 걸고 중국·소련과 데탕트 시대를 연 정권은 '냉전의 전사'로 불린 공화당의 닉슨 행정부였다. 스타워즈(전략방위구상)를 앞세워 신냉전을 초래한 공화당의 레이건 행정부도 임기 후반엔 소련과의 핵군축 협상에 나섰다. 그리고 레이건의 뒤를 이은 공화당의 아버지 부시 행정부는 전략방위 구상을 철회했고 소련의 고르바초프와 함께 냉전 종식을 선언했다. 요컨대 역사적으로 민주당 정권은 보수파의 안보 공세를 의식해 적대국과의 화해 및 군축에 소극적인 반면, 안보 논란에서 비교적 자유로운 공화당 정권은 '다른 선택'의 여지와 가능성이 훨씬 크다는 이야기다.

한국은 어떨까? 안타깝게도 노태우 정부를 제외한 모든 보수 정권은 한반도 냉전 구조를 정치적 반대파와 진보적 시민사회를 공격·탄압하는 수단으로 삼아왔다. 윤석열 정부는 어떨까? 출범 직후만 해도 다른 기류가 나타나는 듯했다. 2022년 5월 권영세 통일부장관은 후보자 인사청문회에서 이렇게 말했다. "기본적으로 대북정책은 '이어달리기'가 되어야지, 이전 정부를 완전히 무시하고 새롭게 하는 것은 별로 좋지 않다고 생각한다." 하지만 이후 1년간 윤석열 정부의 행보는 실망의 연속이다. 윤석열 정부는 이어달리기는커녕 되돌아서서 전임 정부를 두들겨 패고 있다. ABM(Anything But Moon, '문재인이 했던 것 빼고 모두 다')이라는 말이 등장할 정도로 모든 분야에서 문재인 정부의 흔적 지우기에 여념이 없다.

왜 이런 현상이 벌어질까? 보수 정권 입장에서 대북정책은 '자신과의 싸움'이다. 정치적 위기 또는 수세에서 북한이나 남북관계를 이용하고픈 유혹을 이겨내느냐가 대북정책의 관건이라는 뜻이다. 이런 성향은 보수파가 야당일 때도 마찬가지이며, 필요에 따라 정치적 이용의 대상이 얼마든지 확장되기도 한다. 2000년대 중반 노무현 정부가 전작권 환수를 추진하자 보수파는 한미관계를 정치 공세 목록에 추가했다. 또 2016-2017년 사드THAAD(고고도미사일방어체제) 배치 논란을 계기로 한중관계가 험악해지자 중국을 그 목록에 추가했다. 그때마다 극우·보수는 진보·중도 세력에 '친북·종북' '반미·친중'이라는 프레임을 씌워 정파적 이익을 극대화했다. 2020년대 들어 북중러에 대한 부정적 여론과 함께 이러한 경향은 더욱 뚜렷해지고 있다.

'담대함'도 '구상'도 없는
윤석열의 자가당착

'자신과의 싸움'에 실패한 보수 정권은 한반도 문제를 풀 수 있는 기회를 매번 걷어찼다. 1990년대 김영삼 정부는 사상 첫 남북정상회담을 보름 앞두고 김일성 주석이 사망하자 돌연 태도를 바꿨다. 북한에 조문이나 조의 표명 대신 공안 정국을 만들어 반대파 탄압에 나선 것이다. 2000-2010년대 이명박 정부는 출범 직후 북핵 해결의 일대 전기를 맞았다. 남북·북미 대화와 6자회담이 선순환을 일으키며 만들어낸 천재일우의 기회였다. 그러나 김정일 와병설이 불거지자 북한의 급변사태 대비를 운운하며 섣부른 '통일몽'을 드러낸 끝에 북핵 해결은커녕 남북관계 자체를 5년간 얼어붙게 만들었다. 뒤이은 박근혜 정부는 2013년 정세 변화와 무관하게 개성공단의 운영을 보장하기로 북한과 합의했지만 3년이 채 안 되어 핵실험을 핑계로 공단의 문을 닫아버렸다.

노무현 정부 이래 20년 가까이 논란이 계속되고 있는 전시작전권 환수 문제는 어떨까? 기실 군사주권 회복이라는 측면에서 전작권 환수는 보수파의 정체성에 더 걸맞은 정책이다. 작전권 환수를 처음 대선 공약으로 내건 이도 노태우였다. 하지만 김영삼 정부의 평시작전권 환수(1993) 이후 이를 계승한 것은 노무현과 문재인이었고, 보수파는 '반미' 혐의를 씌어 이를 무산시키는 데 급급했다. 노무현 정부 당시 미국 아들 부시 행정부가 한국의 전작권 환수에 적극적으로 나오자 보수 정치인들이 주한 미 대사관에 몰려가 '전작권 환수→남북평화협정 체결→주한미군 철수'가 노무현의 노림수라는 궤변을 늘어놓기도 했다.

윤석열 정부의 전임 정부 공격도 도를 넘어서고 있다. 대통령 선거에서 "북한의 선의에만 기댄 가짜 평화"라며 문재인의 평화정책을 공격해 재미를 본 윤석열은 취임 후에도 이 말을 '전가의 보도'로 휘둘러대고 있다. 문재인 정부가 김정은 정권의 비핵화 의지를 과대평가했다고 비판할 수는 있다. 나 역시 북핵문제와 남북관계에 대한 낙관으로 가득했던 2018년 가을 비핵화 협상이 실패할 가능성이 높다고 전망한 바 있다.[10] 하지만 문재인 정부의 과오는 북한의 선의를 오판하거나 눈치를 보면서 국방에 소홀했던 것이 아니다. 오히려 필요 이상의 군비증강과 한미연합훈련 재개 등 비핵화의 여건과 역행하는 선택을 계속한 것이 문제였다.

'담대한 구상'으로 명명된 윤석열 정부의 대북정책 기조는 '북한이 핵을 차례차례 내려놓으면 크게 쏘겠다'는 것이다. "북한의 비핵화 진전에 발맞추어" △발전·송배전 인프라 지원 △항만·공항 현대화 프로젝트 △농업 생산성 제고를 위한 기술 지원 프로그램 △병원과 의료 인프라의 현대화 지원 △국제투자 및 금융 지원 프로그램 등을 제공한다는 계획이다."이 대목에서도 'ABM'이 눈에 띈다. 문재인 정부가 추진한 개성공단 및 금강산 관광 재개와 남북 철도·도로 연결 등은 찾아볼 수 없기 때문이다.

'담대한 구상'이라지만 담대함도 구상도 찾아볼 수 없고 자가당착의 오류만 눈에 띈다. 앞서 지적했듯 윤석열 정부는 문재인의 평화정책을 북한의 선의에만 기댄 것이라며 싸잡아 폄훼해왔다. 그런데 윤석열의 담대한 구상이야말로 '나의 선의를 믿어달라'며 북한에 비핵화를 요구하고 있지 않은가? 가뜩이나 남북 대화에 문을 닫은 북한은 더욱 거칠게 반응했다. 2022년 8월 김여정 노동당 부부장의 담화를 통해 "우리는 절대로 상대해주지 않을 것임을 분명히 밝혀둔다"라고 못 박은 것이다. 그는 심지어 "제발 좀 서로 의식하지 말며 살았으면 하는 것이 간절한 소원"이라며 "북남문제를 꺼내들고 집적거리지 말고 시간이 있으면 제 집안이나 돌보고 걱정하는 것이 좋을 것"이라고 쏘아붙이기도 했다.

한반도 위기의 뉴노멀

이렇듯 달라진 북한과 강경해진 남한이 충돌하면서 한반도 위기 상황이 '뉴노멀New Normal'(새로운 일상)이 되는 게 아닌가 하는 걱정이 든다. '강경해진 남한'에선 흥미롭지만 우려되는 대목이 있다. 흥미로운 점은 윤석열 정부가 문재인 정부의 특정 노선을 더욱 과격하게 계승하고 있다는 것이다. 3축 체계*를 비롯한 군사력과 한미연합훈련의 강화가 바로 그것이다. 그런데 문재인 정부는 북한과 단계적 군축을 합의했고, 트럼프는 한미연합훈련 중단을 약속했다. 전임 정부의 남북관계 악화와 한반도 평화 프로세스의 좌초가 이런 합의와 약속을 지키지 않은 데서 비롯되었음에도 윤석열 정부는 질주를 계속하고 있다. 실패한 정책을 더 크게 반복하는 셈이고, 바로 이것이 우려되는 까닭이다.

이와 관련해 2022년 가을에 벌어진 한미-북한의 공방을 주

---

* 핵·미사일의 위협에 대응하는 방어 및 반격 전략. 북한 핵·미사일을 선제타격하는 '킬 체인Kill Chain', 북한이 발사한 미사일을 탐지·요격하는 미사일 방어체제, 탄도미사일을 대량으로 발사해 북한을 응징하는 '대량응징보복'으로 구성된다.

목해보자. 9월 23일 미국의 핵추진 항공모함 로널드 레이건호가 이끄는 항모강습단의 부산 입항에서부터 11월 5일 한미연합공중훈련 '비질런트 스톰Vigilant Storm'이 끝날 때까지 43일간 이어진 양측의 무력시위는 여러 가지 측면에서 한반도 위기의 뉴노멀을 보여준다. 발단은 미국 항모강습단의 입항이었다. 핵추진 항모 전개를 좌시하지 않겠다고 밝힌 북한은 9월 25일 서북부 저수지 수중발사장에서 전술핵 탑재를 가정한 탄도미사일 발사훈련을 진행한다. 북한이 바다가 아닌 저수지에서 수중 미사일 발사훈련에 나선 것은 이때가 처음이다. 발사 징후를 포착하면 선제타격에 나서는 한미의 '킬 체인'에 대해 투발 장소를 다양화하는 회피 전술로 읽을 수 있는 대목이다.

한미 양국군은 9월 26일부터 29일까지 동해에서 연합해상훈련에 돌입했다. 이 훈련에 미 핵항모가 참여한 것은 5년 만이다. 북한의 미사일 훈련도 이 시기에 집중되었다. 28일 오후 "남한 작전지대안 비행장들을 무력화시킬 목적으로" 전술핵 탑재를 가정한 탄도미사일 발사훈련을 실시했고, 다음날에도 단거리 미사일 2발을 동해상으로 발사했다. 9월 30일부터는 한미일이 북한의 잠수함발사탄도미사일SLBM 발사에 대비한 대잠수함 훈련을 시작했다. 동해상에서의 사상 첫 한미일 대잠 훈련이다. 이튿날 북한은 또다시 동해상으로 2발의 단거리 미사일 발사훈련을 실시했다. 북한은 9월 29일과 10월 1일 "여러 종류의 전술탄도미사일 발사훈련"을 실시했다고 발표했는데, 공개한 내용은 공중 폭발과 직접 정밀타격, 그리고 산포탄이다. 이렇게 여러 종류의 미사일을 동시에 발사하는 능력을 과시함으로써 미국 항모 전단의 접근을 차단하겠다는 취지로 풀이된다.

이뿐만 아니다. 북한은 10월 4일 신형 지대지 중거리 탄도미사일을 시험발사했다. 이에 대해 북한의 당 중앙군사위원회는 "지속되는 불안정한 정세에 대처하여 적들에게 강력하고 명백한 경고를 보내는 결정을 채택하고 (…) 일본열도를 가로질러 4500km 계선 태평양상의 설정된 목표수역을 타격하도록 했다"라고 발표했다. 미국의 전략 기지인 괌을 의식한 조치로 풀이된다. 그러자 한미는 곧바로 F-15K와 F-16 등을 동원해 공대지 합동 직격탄JDAM 정밀폭격 훈련을 실시했다. 또 4일 밤과 5일 새벽에 걸쳐 에이태큼스ATACMS와 현무-2C 탄도미사일을 동원해 연합 지대지미사일 대응사격 훈련을 실시했다. 모두 유사시 북한의 미사일 기지에 대한 신속·정밀한 타격 능력을 과시하는 훈련이다. 이 과정에서 현무-2C 미사일이 비정상적인 비행 끝에 강릉 공군기지로 떨어지는 사고가 발생하기도 했다.

해상훈련을 마치고 귀항하던 미국의 항모강습단도 10월 5일 동해로 재진입했다. 이 역시 북한의 중거리 미사일 시험발사로 충격에 빠진 한국과 일본에 대한 안보 공약을 재확인하고 북한에 강력 대응 의지를 과시하기 위함이었다. 북한도 물러서지 않았다. 6일 새벽에는 초대형방사포와 전술 탄도미사일 명중훈련을, 서부전선의 장거리포병구분대와 서부지구의 공군 비행대가 합동타격훈련을 실시했다. 북한은 이 훈련의 목적이 "유사시에 대비한 작전준비태세의 정확성과 고도의 실전능력을 실증"하는 데 있다고 밝혔다.

북한은 동해 공해상에서의 한미일 연합훈련에 대응해 유례없는 행동에 나서기도 했다. 150여 대의 공군 전투기를 출격시켜 '대규모 항공공격 종합훈련'을 진행한 것이다. 극심한 유류난에 시달려온 북한이 이렇게 대규모의 전투기를 띄운 까닭은 유사시 핵과 미사일, 방사포와 장사정포뿐만 아니라 공군력도 대거 동원할 수 있음을 과시하려는 것이다.

반복되는 '사상 최초'의 대결

여기서 끝이 아니다. 10월 7일 미국은 제2스트라이커여단전투단SBCT이 이튿날 평택당진항에 도착한다고 발표했다. 이 전투단의 한국 배치는 처음이다. 그러자 북한은 9일 새벽 초대형 방사포 훈련을 실시한다. 북한은 이 훈련의 목적이 "적의 주요항구 타격을 모의한" 것이라고 밝혔는데, 초대형 방사포의 사거리가 350km에 달한다는 점에서 SBCT 배치에 대한 대응으로 풀이된다. 또 북한은 12일에 사거리 2000km의 장거리 전략순항미사일을 시험발사하고, "전방지역에서 남한군이 무려 10여 시간에 걸쳐 포사격을 감행했다"라고 규탄하면서 13일과 14일 심야에 단거리 탄도미사일 시험발사와 170여 발의 포탄 발사훈련을 실시했다. 13일 밤에는 위협 비행에 나선 북한 군용기 10여 대에 맞서 남한 공군도 F-35A 등으로 대응 출격에 나섰다.

이후 나흘간 잠잠하던 무력시위 공방은 10월 17일 남한의 호국훈련을 계기로 재개된다. 남한의 육·해·공군과 해병대뿐만 아니라 주한미군의 아파치 공격헬기, A-10 공격기까지 참가한 훈련이었다. 북한은 이 훈련을 "북침 전쟁 연습"이라고 맹비난하면서 동·서해상을 향해 포격 훈련을 실시했다. 호국 훈련 마지막 날인 28일에는 단거리 탄도미사일 2발을 동해상으로 발사했다.

한미동맹과 북한 사이의 무력시위 공방전은 11월 초 절정에 달한다. 한미 양국은 10월 31일부터 한미연합공중훈련 비질런트 스톰에 돌입했다. 한국 공군의 F-35A, F-15K, KF-16 등 140여 대가, 미 공군의 F-35B와 F-16 등 100여 대가 참가했다. 연합공중훈련으로는 한미 군용기 270여 대가 참가한 2017년 12월 이후 최대 규모다.* 무력시위가 격해지며 자제의 미덕도 사라졌다. 특히 10월 29일 발생한 이태원 참사에도 양측은 아랑곳하지 않았다. 한미는 '국가애도기간'에도 비질런트 스톰을 강행했고, 북한 역시 유감이나 애도를 표하는 대신 수십·수백발의 미사일과 포탄을 동해와 서해 공해상에 쏘아 댔다.

북한의 외무성은 비질런트 스톰 중단을 촉구하면서 "보다

---

* 세계 최대 규모의 연합공중훈련이기도 하다. 비슷한 규모로는 2023년 6월 23개 나토 회원국이 참가한 '에어 디펜더' 훈련이 있다. 이 훈련에 동원된 군용기 숫자는 250여 대로 역시 나토 역사상 최대 규모다.

강화된 다음 단계 조치들을 고려하게 될 것"이라고 경고했다. 훈련 이틀째인 11월 1일 박정천 조선노동당 비서 명의의 경고는 한층 더 거칠었다. 훈련 중단을 거듭 촉구하면서 한미가 무력사용을 기도한다면, "북한의 특수한 수단들은 부과된 자기의 전략적 사명을 지체 없이 실행할 것"이라는 위협이었다. 11월 2일에는 네 차례에 걸쳐 25발의 단거리 탄도미사일을 발사했는데, 이 가운데 1발은 울릉도 인근의 공해상으로 떨어졌다. 북한이 북방한계선NLL 남쪽의 영해를 향해 미사일을 쏜 것은 분단 이후 처음이다. 또 동해의 해상완충구역을 향해 100여 발의 포격 훈련도 실시했는데, 이는 명백한 9·19 남북군사합의 위반이다.

그러자 윤석열 대통령은 긴급 국가안전보장회의NSC를 소집해 "실질적 영토침해 행위"라며 엄정 대응을 지시한다. 그 직후 남한 공군은 F-15K와 KF-16을 띄워 슬램-ER 공대지미사일 2발과 스파이스2000 유도탄 1발을 NLL 이북의 공해상으로 발사한다. 남한 공군이 NLL 이북으로 미사일을 쏜 것도 이때가 처음이다. 이에 북한은 중장거리 탄도미사일 1발과 단거리 미사일 2발을 동해상으로 발사했다.

한미는 북한의 미사일 발사훈련이 최고조에 달하자 비질런트 스톰을 하루 연장해 11월 5일까지 실시한다. 훈련 마지막 날에는 미 공군 B-1B 전략폭격기 2대도 합류했다. 핵폭탄 탑재가 가능한 B-52, B-2와 함께 미국의 3대 전략폭격기로 꼽히는 B-1B는 그중 가장 빠르고 가장 많은 비핵 폭탄(약 60톤)을 탑재하며 스텔스 기능과 저공 침투 능력을 보유하고 있다. 미국이 이 기종을 한반도에 전개한 것은 2017년 9월 이후 처음이다. 북한도 발끈하고 나섰다. 훈련 연장을 두고 "돌이킬 수 없는 엄청난 실수"라고 반발하면서 단거리 탄도미사일 4발의 시험발사로 응수한 것이다. 비질런트 스톰 기간에 북한이 발사한 미사일만 무려 35발에 달한다. 북한은 4일에도 100대 넘는 군용기를 동원해 공대지 사격훈련을 실시했다고 발표했다.

이처럼 2022년 가을 위기를 통해 달라진 북한을 거듭 확인할 수 있다. 과거의 북한은 한미연합훈련에 반발하면서도 훈련 기간에는 군사적 맞대응을 자제했었다. 예컨대 '을지프리덤실드UFS' 기간에 군사적 대응에 나선 것도 8월 17일에 평안남도 온천비행장 일대에서 서해상으로 순항미사일 2발을 발사한 게 유일했다. UFS가 본격 진행된 8월 22일부터 9월 1일까지는 별다른 반응을 하지 않았다. 이런 북한이 달라진 것은 9월 8일, 핵무력 법제화를 마무리하고부터다. 9월 말부터는 항의와 경고가 받아들여지지 않으면, '눈에는 눈, 이에는 이'식의 군사 행동으로 맞불을 놓았다. 이 과정에서 위험한 선택도 서슴지 않고 있다. 9.19 군사합의로 설정된 완충지역으로 포탄을 쏘거나 분단 이후 처음으로 미사일을 남한 측 공해상으로 탄착시킨 것이 대표적이다.

닮아가는 한미와 북한

이 시기의 담화와 군사 행동을 종합해보면 북한의 입장과 의도는 명확하다. 박정천 노동당 중앙군사위원회 부위원장은 "한반도는 이여의 지역에서처럼 미국의 군사적 허세가 마음대로 통할 수 있는 곳이 아니다"라고 했는데, 이는 핵무력 건설과 공세적 사용 원칙(핵 독트린) 채택으로 '힘의 균형'을 이뤄냈다는 자신감의 표현이다. 나아가 박정천은 "미국과 남조선의 책임 있는 자들은 저들의 체면관리가 중요한지 자국의 안전이 더 중요한지 올바른 선택을 해야 할 것"이라고 경고했다. 언제 충돌할지 모르는 군사적 긴장 고조를 감수하던지, 연합훈련을 중단하든지 양자택일하라는 메시지다.

하지만 북한이 힘의 과시를 통해 원하는 바를 달성할 수 있을까? 난망해 보인다. 북한의 무력시위가 강경할수록 한미연합훈련도 강화하는 악순환이 계속되기 때문이다. 특히 윤석열은 "우리 사회와 한미동맹을 흔들어 보려는 북한의 어떠한 시도도 통하지 않을 것"이라고 누차 강조해왔다. 더 강하게, 더 자주 연합훈련을 실시하겠다는 의미다. 실제로 한미 양국은 2023년 3월 세계 최대 규모의 연합훈련에 돌입했고, 훈련의 공세 수위 또한 대폭 강화되었다.

구체적으로 살펴보면 2018-2022년 지휘소 연습CPX 중심으로 축소·진행되던 것이 2023년부터는 '프리덤실드Freedom Shield'(자유의 방패)라는 명칭의 대규모 훈련으로 확대되었다. 문재인 정부 중후반에 전구戰區급, 즉 전면전을 상정한 대규모 훈련은 컴퓨터 시뮬레이션을 기반으로 한 지휘소 연습으로, 실기동 훈련은 대대급 이하에서 주로 실시했다. 하지만 윤석열 정부는 '정상화'를 내걸며 실기동 훈련도 전구급으로 실시하기로 했다. 이에 따라 지휘소 연습은 물론이고 실기동 훈련도 세계 최대 규모로 확대되었다. 해병대를 주축으로 한 '쌍룡 연합상륙훈련'과 '티크 나이프Teak Knife'로 불리는 연합특수작전훈련, 미국의 핵추진 항공모함이 참가하는 '연합항모강습단훈련', 북한의 미사일 발사를 가정한 '한미일 미사일경보훈련', 연합야외기동

훈련인 '워리어실드 FTX Warrior Shield FTX' 등이다.

연합훈련의 공세적 성격도 크게 강화되고 있다. 우선 방어와 반격 두 단계로 나누어 중간에 휴식을 취하던 것과 달리 11일간 쉼 없이 연속 진행한 점이 눈에 띈다. 또 한미 군 당국이 반격에 북한 점령 및 안정화 작전이 포함된다고 공개적으로 강조한 것도 과거와는 달라진 양상이다. 이처럼 한미동맹이 군사훈련의 규모와 공세 수위를 대폭 강화한 것은 '압도적 대응' 의지를 과시해 북한의 도발을 억제한다는 의미다.

하지만 북한 역시 '압도적 대응'을 공언하면서 맞불을 놓고 있다. 프리덤실드 실시 하루 전인 3월 12일 신포 인근 해상의 잠수함에서 전략순항미사일 2발을 발사했는데, 이 또한 처음 공개된 무기다. 탄도미사일보다 느리지만 저고도로 비행해 요격이 매우 어려운 무기로, 북한의 발사체 다종화·다종화가 상당한 수준에 이르렀음을 거듭 확인할 수 있다. 또 북한은 황해남도 장연에서 단거리 미사일 2발을 동해상으로 발사했는데, 장연에서 미사일 시험발사를 실시한 것도 이때가 처음이다.

16일에는 평양 순안에서 동해상으로 ICBM 화성 17형을 시험발사했다. 딸 김주애를 데리고 참관한 김정은은 "우리 공화국을 노골적으로 적대시하며 조선반도 지역에서 대규모 군사연습을 빈번히 벌리고 있는 미국과 남조선에 그 무모성을 계속 인식시킬 것"을 다짐하며 이렇게 말했다. "누구도 되돌릴 수 없는 핵전쟁 억제력 강화로써 적들에게 두려움을 주고 실제 전쟁을 억제하며 우리 인민의 평화적인 삶과 사회주의 건설 투쟁을 믿음직하게 담보하여야 한다."

북한이 미사일을 쏠 때마다 윤석열은 입버릇처럼 "도발에는 반드시 혹독한 대가가 따른다는 사실을 깨닫게 해야 한다"라고 강조한다. 싸우면서 닮아간다는 말을 실감케 하듯 김정은도 같은 말을 반복하고 있다. "반공화국 군사적 준동이 지속되고 확대될수록 저들에게 다가오는 돌이킬 수 없는 위협이 엄중한 수준에 이르게 된다는 것을 스스로 깨닫게 만들 것"이라고 결기를 세우는 것이다.

이처럼 한미동맹과 북한은 갈수록 닮은꼴이다. 한쪽에서 '주적'을 언급하면 다른 쪽도 같은 말로 맞받고 한쪽에서 '선제공격' 운운하면 다른 쪽도 마찬가지다. 한미가 '압도적 대응'을 공언하면 북한도 똑같이 응수하고 '김정은 정권의 종말'이라는 위협엔 '남조선 괴뢰정권 종말'로 되받아친다. 말뿐이 아니다. 행동도 닮고 있다. 한미동맹의 전통적인 구호는 'Fight Tonight'(상시전투태세)이고 각종 훈련을 통해 이를 과시한다.

그런데 북한이 부쩍 강조하는 것도 상시전투능력이다. 윤석열 정부는 '행동하는 동맹'과 '한미일 안보협력'을 강조한다. 한미 및 한미일의 강력한 대응 의지를 행동으로 보여주겠다는 것이다. 북한도 그렇다. 한국·미국·일본의 군사 활동 하나하나에 '행동'으로 맞대응하고 있다. 군사적 열세이던 과거의 북한이 움츠러든 상태에서 삿대질하기에 바빴다면, 핵무력을 통한 군사적 균형을 자신하는 오늘의 북한은 삿대질뿐만 아니라 근육을 과시하는 데도 바쁘다.

한반도,

■ 불가역적 핵시대로 접어들다

5

2017년 부산항에 기항한
순항미사일핵잠수함 SSGN 미시건호(오하이오급).
북핵이 고도화하고 한반도가 돌이킬 수 없는
핵시대로 들어서면서 핵 억제력을 갖춘 전략
자산이 한국을 찾는 경우가 늘고 있다.

새로운 북한 이후 남북관계에서 두드러진 특징은 하염없는 '단절의 시간'이다. 1971년에 시작된 남북 대화는 2018년 12월을 끝으로, 1992년에 시작된 북미 대화는 2019년 10월을 마지막으로 2023년 7월까지 한 번도 열리지 않았다. 남북·북미 모두 전례 없이 긴 단절의 시간을 보내고 있는 것이다. 한미의 '조건 없는 대화' 요청을 북한이 줄곧 무시로 일관하는 것도 이례적이다. 그렇다고 남북미중 4자회담이나 일본–러시아를 포함한 6자회담이 있었던 것도 아니다. 대화가 사라진 자리엔 한미동맹과 북한의 핵 억제 경쟁이 맹위를 떨친다.

북핵의 9가지 특징

2023년 현재 공인 핵보유국은 미국·러시아·영국·프랑스·중국 등 5개국이고, 비공인 핵보유국은 이스라엘·인도·파키스탄·북한 등 4개국으로 총 9개국이다. 공인 여부는 핵확산금지조약NPT에 따른 것이다. 이 조약은 1967년 1월 1일 이전 핵실험에 성공한 국가에 한해 핵보유를 인정한다. 비공인 핵보유국은 모두 NPT 비회원국이다. 이들 9개국의 핵무기 보유 현황은 99쪽 그림과 같다.

북한은 다른 핵보유국과 비교해 몇 가지 특징을 갖고 있다. 첫째, 북한은 NPT에서 탈퇴해 핵무장을 강행한 유일한 나라다. 1985년에 이 조약에 가입한 북한은 1993년 1차 북핵 위기 국면에서 탈퇴를 선언한 뒤 이듬해 복귀했으나 2003년에 최종 탈퇴했다. 가입국의 탈퇴는 NPT 역사상 유일한 케이스다. 이스라엘, 인도, 파키스탄은 북한과 달리 NPT에 가입하지 않은 상태에서 핵무기를 개발한 나라들이다.

둘째, 21세기 들어 현재까지 전 세계에서 총 여섯 차례의 핵실험이 있었는데, 모두 북한이 감행한 것이다. 셋째, 따라서 북한은 핵무기 및 탄도미사일을 개발해왔다는 이유로 유엔의 제

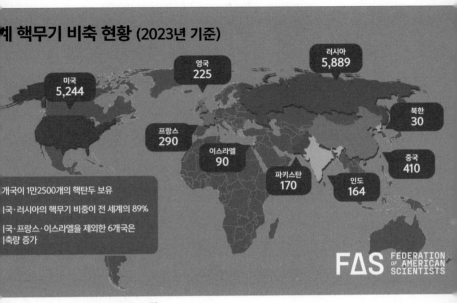

계 핵무기 비축 현황 (2023년 기준)

러시아
5,889

영국
225

미국
5,244

북한
30

프랑스
290

이스라엘
90

중국
410

파키스탄
170

인도
164

개국이 1만2500개의 핵탄두 보유
국·러시아의 핵무기 비중이 전 세계의 89%
국·프랑스·이스라엘을 제외한 6개국은
축량 증가

FΛS FEDERATION OF AMERICAN SCIENTISTS

* 출처: 미국과학자협회FAS [12]

재를 받고 있는 유일한 나라다. 핵실험을 불허하는 국제 규범에 대놓고 반기를 든 대가인 셈이다. 아이러니하게도 대북 제재 결정권을 가진 유엔 안전보장이사회의 5개 상임이사국은 모두 핵보유국이다. 또한 이스라엘·인도·파키스탄도 국제 규범을 어기고 핵을 만들었지만, 이들 나라는 제재는 고사하고 미국의 지원을 받기도 한다. 핵개발에서도 '친미무죄 반미유

죄' 현상이 벌어지고 있는 셈이다.

넷째, 북한은 핵보유국 가운데 미국과 수교하지 않은 유일한 나라이자 미국과 정전 상태에 있는 유일한 나라다. 1948년 조선민주주의인민공화국 수립 이래, 1953년 정전협정이 체결된 이래 북한은 미국의 가장 오랜 적대국이다. 이는 다섯 번째 특징으로 이어진다. 북한은 소련(러시아)과 중국에 이어 핵무장의 최대 명분으로 '대미 억제력'을 추구해온 나라라는 것이다. 여섯째, 이런 적대관계에 힘입어(?) 북핵(의 위협)은 미국이 1990년대 초반부터 오늘날까지 추진해온 미사일방어체제MD의 거의 유일하면서 가장 큰 구실로 이용되어왔다.

일곱 번째 특징은 상대적으로 빈약한 비핵 군사력이다. 다른 핵보유국은 재래식 군사력 평가에서도 세계 상위권에 올라 있다. 2023년을 기준으로 보면 미국 1위, 러시아 2위, 중국 3위, 인도 4위, 영국 5위, 파키스탄 7위, 이스라엘 18위이다. 반면 북한의 재래식 군사력은 34위로 다른 핵보유국은 물론이고 군사적 적대관계인 한국(6위)과 일본(8위)에 비해서도 크게 뒤처진다.[3]*

---

*   2017년도만 해도 북한의 재래식 군사력은 세계 18위로 평가받았다. 따라

여덟째, 북한은 세계에서 가장 폐쇄적인 국가로 꼽히지만 역설적으로 핵 독트린, 즉 핵무기 사용원칙에서는 가장 구체적이며 투명한 입장을 가지고 있다. 끝으로 북한은 핵보유국 가운데 중국의 유일한 동맹국이라는 점도 빼놓을 수 없다. 그리고 이 아홉 가지 특징에서 추론 가능한 핵 정책의 면면은 지금부터 소개할 북한의 핵 독트린, 즉 핵무기 사용원칙과 밀접한 관계를 맺고 있다.

북핵,
한반도의 변수에서 상수로

한반도에서 핵문제라고 하면 대개 1990년대 이후의 북핵을 가리키지만, 의외로 한반도 핵문제의 역사는 깊다. 1945년 7

서 이는 핵무기와 탄도미사일의 '가성비'에 만족한 북한이 핵 고도화와 함께 재래식 군비를 축소한 결과다. 북한의 처지에서 전술핵무기는 한국과 일본, 그리고 전진 배치된 미국 군사력에 대한 열세를 만회하는 수단임을 알 수 있다. 이는 냉전 시대에 유럽과 아시아에 핵무기를 전진 배치해 현지 군사력의 열세를 상쇄한 미국, 인도에 견줘 국력과 군사력이 크게 뒤처지는 파키스탄의 전술핵 활용 사례와 흡사하다.

월 미국이 원자폭탄을 손에 쥔 순간부터 한반도의 운명도 그에 크게 휘둘려왔기 때문이다. 따라서 한반도 핵문제의 본질과 해결의 실마리에 접근하기 위해서는 구조적·세계사적 시각이 필요하다. 이런 문제의식과 시각을 갖고 한반도의 핵문제는 크게 세 개의 시대로 나누어 볼 수 있다.

첫 번째는 미국 독점 시기, 즉 '핵시대 1.0'이다. 1945년 한반도의 해방과 분단에서부터 미국이 핵무기를 한반도에서 철수한 1991년까지가 여기 해당된다. 두 번째는 북한의 핵개발 의혹이 불거진 1992년부터 남북·북미 정상회담을 비롯한 한반도 평화 프로세스가 좌초한 2019년까지로, '핵시대 1.5'라고 할 수 있다. 1.5란 한반도가 비핵화와 불가역적 핵시대의 갈림길에 서 있었다는 의미다. 이 갈림길이 끝난 2020년부터 한반도는 '핵시대 2.0'으로 접어든다. 대화와 협상은 사라지고 북한의 핵무력과 한미 또는 한미일의 핵 확장억제Extended Deterrence(핵공격을 막는 다양한 수단)가 대립하는 시기다.

새로운 북한과 관성에 젖은 한미의 대북정책이 몰고 오는 가장 큰 파장은 한반도가 불가역적인 핵시대로 접어들고 있다는 것이다. 한국전쟁 때부터 미국이 북한에 가한 '지속적이고 계획적이며 반복적인' 핵위협은 상수다. 변수는 북한의 핵무장 여부였다. 그런데 길게는 30년, 짧게는 2년간의 비핵화 협상 끝에 북한이 내린 결론은 '부질없다'는 것이다. 김정은 정권은 핵무력을 '국체'로 삼기로 했다.

김정은 정권은 핵이 재래식 군비 절감과 군민융합, 그리고 군수-민수 전환을 촉진해 경제발전에도 기여할 수 있다고 본다. 또한 적대국인 한미일을 상대로는 '억제력'이 되고 우방국인 중러를 상대로는 '자주의 무기'가 될 수 있다며, 핵무장을 통해 전략국가[*]가 되리라 자신한다. 2022년 9월 최고인민회의 법령으로 '조선민주주의인민공화국 핵무력정책에 대하여'를 채택한 것은 그 결정판이다. 핵 정책을 법제화한 김정은은 "핵보유국으로서의 우리 국가의 지위가 불가역적인 것이 되었다"라고 선언했다. 북한의 핵무장도 사실상 상수가 된 것이다. 그러자 한국전쟁 이래 한반도 핵시대의 상수인 미국의 확장억제도 몸집을 키우고 있다.

---

[*]   핵무기와 장거리 미사일 기술을 모두 갖춤으로써 미국 본토를 실제 타격할 수 있는 국가를 가리킨다.

북한의 핵 독트린 vs. 한미의 확장억제

북한의 핵·미사일 개발이 본격화한 이후, 한미 대응의 초점은 '맞춤형 억제'였다. 맞춤형 억제전략Tailored Deterrence Strategy 은 2013년 10월 한미 안보협의회의SCM를 거치면서 공식화 됐다. 이후 보완을 거듭해온 이 전략은 윤석열 정부 출범 후 한 국형 3축 체계 조기 구축과 한미 확장억제전략협의 강화, 미국 의 전략자산 전개 등을 통해 구체화하고 있다. 북한의 핵 사용 징후 포착 시 선제타격 및 북한 지도부 참수 작전 검토, MD로 북한 미사일 요격 시도, 피해 발생 시 대량응징보복, 북한의 핵 사용 시 '북한 정권의 종말'을 가져올 수 있는 압도적·결정적 대응 등으로 구성된다.

주목할 점은 북한 역시 핵무력의 다종화 및 핵 정책 법령화 를 통해 '맞춤형 억제'를 추구하고 있다는 것이다. 앞서 언급 한 '조선민주주의인민공화국 핵무력정책에 대하여'에는 이런 의도가 명확히 담겨 있다. 무엇보다 핵무기 사용 결정권을 국 무위원장, 즉 김정은에게 독점 부여하면서도 "국가지도부와 국가핵무력지휘기구에 대한 적대 세력의 핵 및 비핵공격이 감행되었거나 임박했다고 판단되는 경우"로 사용조건을 명시했다.

　명령권자인 김정은이나 지도부의 유고로 사용명령을 내리지 못할 경우엔 "사전에 결정된 작전방안에 따라 도발원점과 지휘부를 비롯한 적대세력을 괴멸시키기 위한 핵타격이 자동적으로 즉시에 단행된다"는 것이다. 이는 '북한의 핵 사용 징후시 승인권자를 제거해 공격을 막는다'는 한미동맹의 참수 작전을 억제하려는 성격이 짙다. 적대 세력이 북한 지도부 제거를 시도하면 이른바 '죽은 자의 손dead hand'을 가동하겠다는 위협인 셈이다.

　또한 북한은 핵무기 사용조건으로 △핵 또는 대량살상무기 공격이 감행되거나 임박했다고 판단한 경우 △국가의 중요 전략적 대상들에 대한 치명적인 군사적 공격이 감행되거나 임박했다고 판단한 경우를 명시했다. 반복해 언급되는 "임박했다고 판단한 경우"는 한미동맹의 선제타격론과 데칼코마니다. 북한도 핵 선제공격 교리를 채택해 상대의 선제타격 시도를 억제한다는 전략인 셈이다.

　이 밖에 △유사시 전쟁의 확대와 장기화를 막고 전쟁의 주도권을 장악하기 위한 작전상 필요가 불가피하게 제기되는 경우 △국가의 존립과 인민의 생명안전에 파국적인 위기를 초래하는 사태가 발생하여 핵무기로 대응할 수밖에 없는 불가피한 상황이 조성되는 경우도 핵무기 사용조건에 명시했다. 이 항목들 역시 한미동맹의 작전계획(작계)을 겨냥한 맞대응이라고 할 수 있다. 한미 작계는 방어와 반격의 두 단계로 구성되는데, 반격에는 북한 점령과 안정화 작전이 포함되어 있다. 북한은 이러한 시도가 핵전쟁으로 이어진다는 신호를 전달함으로써 한미동맹의 득실 판단에 영향을 미치려고 하는 것이다.

북한은 이러한 교리를 뒷받침하기 위해 다양한 시도에 나서고 있다. 우선 법령에 "핵무력은 핵무기 사용명령이 하달되면 임의의 조건과 환경에서도 즉시에 집행할 수 있게 경상적인 동원태세를 유지한다"라고 명시했다. 이는 피격 시에는 물론이고 '임박했다고 판단한 경우'에도 즉각적인 발사 태세를 갖추겠다는 의미다. 또 김정은은 "가장 중요하게는 우리 핵무력의 전투적 신뢰성과 작전운용의 효과성을 높일 수 있게 전술핵 운용공간을 부단히 확장하고 적용수단의 다양화를 더 높은 단계에서 실현하여 핵전투태세를 백방으로 강화해나가야 한다"라고 강조한다. 전술핵 강화를 통해 유사시 핵무기 사용 의지를 과시하고 다양한 작전에 활용하는 능력을 갖추겠다는 뜻이다.

북한의 전술핵 보유 논리는 미국의 입장과 판박이다. 북한은 2021년 1월 전술핵 개발을 공식화한 이후 핵무력의 '효과성과 다각화'를 강조해왔다. 작전 목적과 타격 대상에 따라 다양한 수단을 가져야 한다는 것이다. 미국도 비슷한 표현을 쓰면서 전술핵 개발·보유를 정당화해왔다. 전술핵이야말로 핵능력과 전략의 '유연성과 다양성'을 증대해준다는 것이다. 특히 북한과 미국은 자신들의 핵무기 사용 옵션이 허풍이 아님을 전술핵을 통해 증명하려고 한다. 전략핵무기(전략핵)에 견줘 폭발력을 크게 낮춘 전술핵은 언제든 실전에 동원할 수 있다는 신호를 보내는 것이다.

핵을 보유하지 않은 비핵국가를 상대로 한 북한과 미국의 '핵 교리'(핵무기의 생산·배치·사용에 관한 원칙)도 유사하다. 북한은 "적대적인 핵보유국과 야합하여 우리 공화국을 반대하는 침략이나 공격행위에 가담하지 않는 한 비핵국가에 대하여 핵무기를 사용하거나 핵무기로 위협하지 않는다"라며 소극적 안전보장을 '조건부'로 명시했다. 핵보유국인 미국의 동맹이면서 비핵국가인 한국과 일본을 염두에 둔 조항이다. 마찬가지로 미국도 비핵국가를 상대로 한 핵 선제공격을 옵션으로 유지해왔다. 미국은 자국 및 동맹국의 '사활적인 이익'이 걸린 상황뿐만 아니라 비핵국가가 핵보유국과 연합해 공격해오거나 재래식·생화학 무기를 동원할 경우에도 핵무기를 사용할 수 있다는 입장을 견지해왔다.

핵 독트린의 진화가
가리키는 것

아울러 북한의 미사일 전력 다종화는 한미일의 MD를 무력화하고 한국 – 일본 – 괌 – 하와이–미국 본토 등을 상대로 맞춤형 억제력을 갖추려는 움직임이다. 북한은 MD를 선제공격용으로 간주하면서 이에 대한 회피 수단을 강구해왔다. 요격이 어려운 '북한판 이스칸데르'부터 극초음속 미사일과 순항미사일, 그리고 잠수함발사탄도미사일SLBM 개발이 대표적이다. 이들 무기는 유사시 생존율을 높여 2차 공격 능력을 확보하려는 목적도 겸하고 있다.

북한의 핵 독트린에서 주목할 점은 또 있다. 핵무기의 목적과 사용조건을 세세하게 열거하면서 이를 공개한 것이다. 앞서 밝혔듯 가장 폐쇄적 국가라는 북한이 핵무기 사용원칙에서는 가장 구체적이고 투명한 입장을 취한 이유는 무엇일까?

이는 핵무기 사용 의지를 명확히 전달함으로써 한미동맹에 대한 군사력 열세를 극복하고 전쟁을 억제하겠다는 취지로 봐야 한다.

이와 관련해 김정은은 "핵무력 정책을 공개하고 핵무기 사용을 법적으로 규제하는 것은 핵보유국들 사이의 오판과 핵무기 남용을 막음으로써 핵전쟁 위험을 최대한 줄이는데 목적을 두고 있다"라고 밝히기도 했다. 다시 말해 핵 억제력의 3대 요소인 능력capability, 신뢰credibility, 전달communication 가운데 능력이 부족한 북한이 신뢰와 전달의 과시로 이를 만회하려는 것이다.

북한의 2022년 핵 독트린은 2013년 제정된 '자위적 핵보유국의 지위를 더욱 공고히 할 데 대한 법'과 비교해봐도 그 차이가 드러난다.* 당시 법령은 "적대적인 다른 핵보유국이 우리 공화국을 침략하거나 공격하는 경우 그를 격퇴하고 보복타격을 가하기 위하여 조선인민군 최고사령관의 최종명령에 의하여서만 사용할 수 있다"라고 명시했다. 이는 북한이 먼저 핵무기를 사용해 다른 핵보유국을 공격하지는 않겠지만, 핵보유국이

---

* 북한은 2013년과 2022년 두 차례에 걸쳐 핵 정책을 법령으로 제정했다.

핵무기 또는 비핵무기로 북한을 공격할 때는 핵으로 보복할 수 있다는 뜻으로, 핵무기 '선제 불사용No First Use' 정책에 가깝다.

이에 비해 적대 세력의 침략 및 공격이 '임박했다고 판단한 경우'에도 핵 선제공격에 나설 수 있다고 명시한 2022년의 핵 독트린은 훨씬 공세적이다. 김정은은 2022년 4월 조선인민혁명군 창건 90돌 연설에서 "우리 핵무력의 기본사명은 전쟁을 억제함"에 있지만 "어떤 세력이든 우리 국가의 근본이익을 침탈하려 든다면 우리 핵무력은 자기의 둘째가는 사명을 결단코 결행하지 않을 수 없을 것"이라고 말했다. 여기서 "둘째가는 사명"이 바로 핵 선제공격을 의미한다. 이 밖에도 2013년 법령에선 핵무기 사용을 김정은 한 사람만의 권한으로 한정한 반면, 2022년 법령에선 '죽은 자의 손'을 명시한 것도 큰 차이점이다. 전략적 모호성보다는 전략적 명확성을 선택해 한미일에 대한 억제를 강화하겠다는 취지로 보인다.

워싱턴 선언과 이중 억제

윤석열 정부가 한미동맹 복원을 내세우며 가장 강조하는 것은 확장억제 강화다. 2022년 9월 한미 고위급 확장억제전략협의체EDSCG 회의에선 "북한의 새로운 핵 정책 법령 채택을 포함하여 북한이 핵 사용과 관련하여 긴장을 고조시키고 안정을 저해하는 메시지를 발신하는 데 대해 심각한 우려를 표명"하면서 "북한의 어떠한 핵공격도 압도적이며 결정적인 대응에 직면하게 될 것이라는 점을 명확히 했다". 이를 위해 "미국은 핵, 재래식, 미사일방어MD 및 진전된 비핵능력 등 모든 범주의 군사적 능력을 활용"한다는 입장도 밝혔다.

핵전략과 관련해 '전략적 모호성'을 취해온 존 바이든 행정부도 북한에 대해서는 '전략적 명확성'을 선택했다. 바이든 행정부는 2022년 3월 핵태세검토NPR 보고서 작성을 마쳤음에도 1쪽짜리 요약문만 돌렸을 뿐, 구체적인 내용은 7개월 동안 함구하고 있었다. 10월에 공개한 NPR에서 가장 눈에 띄는 부분은 대북 메시지다. "미국 및 동맹·우방국에 대한 북한의 어떠한 핵공격도 용납할 수 없으며 정권의 종말로 이어질 것 (…) 북한이 핵무기를 쓰면서 생존할 수 있는 시나리오는 없다." 한 달 전 확장억제전략협의체 회의 결과에 담긴 "압도적이며 결정적인 대응"이 북한 정권의 종말임을 분명히 한 것이다.

미국은 일주일 후에 나온 한미안보협의회SCM 공동성명에서 이러한 입장을 더 강한 어조로 거듭 확인했다. "오스틴 장관은 미국이나 동맹국 및 우방국에 대한 비전략핵을 포함한 어떠한 핵공격도 용납할 수 없으며, 이는 김정은 정권의 종말을 초래할 것이라고 경고"한 것이다. 여기서 '비전략핵'은 파괴력이 제한적인 전술핵무기를 의미한다. 북한이 전술핵만 사용해도 보복으로 정권이 붕괴될 것이라는 위협이다. 미국이 공식 문서에서 특정 국가의 종말을 언급한 것은 유례를 찾기 힘들다.

2023년 4월 한미 정상회담을 가진 윤석열-바이든은 '워싱턴 선언'을 발표했다. 이 선언은 '이중 억제'라는 표현으로 요약할 수 있다. 한미 핵협의그룹Nuclear Consultative Group, NCG을 설립해 미국의 확장억제에 대한 구체성과 한국의 발언권을 강화하기로 한 것은 '북한의 핵위협을 억제'하려는 의지다. 동시에 한국이 NPT의 의무와 한미원자력협정 준수를 재확인한다는 내용은 점증하는 '한국의 독자 핵무장론을 억제'하겠다는 의지다. 즉 워싱턴 선언은 본질은 미국의 확장억제 강화와 한국의 독자 핵무장 자제를 맞교환하는 것이다.

바이든 행정부가 한국에 핵무기를 재배치할 계획도 없고 핵무기 사용은 미국 대통령의 독점 권한이라고 못 박았지만,

일단 이 선언을 계기로 미국의 대북 확장억제가 강화될 가능성이 크다. 특히 바이든은 기자회견에서 북한이 핵공격을 감행하면 "정권의 종말을 초래할 것"이라고 경고했다. 대선 후보시절엔 안보 정책에서 핵무기의 의존도를 낮추겠다고 공언한 바이든이 김정은 정권을 향해서는 '정권의 종말'을 언급하며 핵무기 사용 가능성을 내비친 것이다. 이에 고무된 윤석열은 "북핵에 대한 국민의 우려는 많이 해소될 것으로 보고 있다"라고 화답했다.

42년 만의 기항

워싱턴 선언에는 이 밖에도 주목할 만한 내용이 담겨 있다. "한국에 대한 미국 전략자산의 정례적 가시성을 한층 증진시킬 것 (…) 예정된 미국 탄도미사일핵잠수함SSBN의 한국 기항을 통해 증명"될 것이라는 내용을 살펴보자. 미국의 탄도미사일 핵잠수함(오하이오급)은 최대 20개의 '트라이던트Ⅱ D5' 미사일을 장착할 수 있는 미국 전략핵무기의 핵심이다. 이 미사일의 사거리는 2000-1만2000km이고, 1개의 미사일에는 8개의 핵탄두를 장착할 수 있으며, 탄두당 파괴력은 100-475kt(킬로

톤)이다. 1척의 SSBN의 최대 핵무장력이 7만6000kt인데, 이는 히로시마에 떨어진 원자폭탄의 5000배가 넘는다. 미국은 동급의 잠수함을 14척 보유하고 있다.

SSBN이 품고 다니는 파괴력도 놀랍지만, 미국 정부가 이 잠수함의 한국 기항 계획을 공개적으로 밝힌 것도 궁금증을 자아낸다. 미국은 유사시 2차 공격 능력의 핵심인 핵탄도잠수함의 외국 기항이나 전개를 꺼려왔기 때문이다. 이와 관련해 미국의 핵무기 전문가인 한스 크리스텐센Hans M. Kristensen 미국과학자협회FAS 회장이 2011년에 작성한 글에 따르면, 미국이 한국을 제외한 외국에 SSBN을 공개 기항한 사례는 1963년 터키 항구가 유일했다.*

그럼 한국은 어땠을까? 크리스텐센에 따르면, 1976년부터 1981년까지 미국은 한국의 진해항에 SSBN을 총 35회나 보냈다. 당시 미국은 왜 유독 한국에만 수시로 탄도미사일핵잠수함을 기항시킨 것일까? 공식적인 목적인 대북 억제 강화뿐

---

* 이 기항은 1962년 쿠바 미사일 위기 당시 소련이 쿠바에 배치한 핵미사일 철수의 상응 조치로 미국이 터키에 배치한 주피터 핵미사일을 철수한 데 대한 만회책이었다.

만 아니라 한미관계 및 미국 내 상황이 복합적으로 맞물려 있었다. 당시 닉슨 행정부의 주한미군 감축과 베트남전쟁 패배를 지켜본 박정희 정권은 안보 불안을 해결하기 위해 비밀리에 핵무기 개발을 모색했다. 이에 닉슨 행정부는 한국에 핵 관련 시설 및 장비 판매를 저울질하던 캐나다 및 프랑스에 접근해 한국의 핵무장 시도를 무마했다.

하지만 1976년 민주당 지미 카터가 대통령에 당선되면서 미국의 안보 공약에 대한 박정희 정권의 불신은 더욱 커졌다. 카터는 한국에 배치한 미국 핵무기의 철수를 주장했기 때문이다. 주한미군의 감축에 이어 핵무기의 철수는 박정희가 다시 핵개발에 나설 명분으로 충분했다. 이에 미국은 두 가지 당근을 꺼내들었다. 하나는 세계 최대 규모의 연합훈련(팀 스피릿)을 실시하는 것, 또 하나는 핵탄도미사일 '폴라리스'를 장착한 잠수함을 한국에 자주 보내는 것이었다.

그런데 미국 SSBN의 한국 기항은 1981년 이후 중단되었다. 폴라리스 퇴역 문제도 있었지만, 한미관계의 변화도 큰 영향을 미쳤다. 무엇보다 1980년 대선에서 카터를 꺾고 승리한 로널드 레이건 대통령은 한국에 배치한 핵무기 철수 계획을 백지화했다. 또 군사쿠데타로 집권한 전두환을 1981년 2월 미국으로 초청했는데, 이 자리에서 레이건은 전두환 정권의 정당성을 인정해주는 대신에 비핵화 확약을 받아냈다.

이러한 사례는 바이든 행정부가 SSBN을 42년 만에 한국에 보내기로 한 결정과 닮은꼴이다. 북핵이 고도화하면서 한국 내에선 독자적인 핵무장이나 미국 핵무기의 재배치를 요구하는 목소리가 높아져왔다. 이를 들어줄 수 없는 미국으로서는 핵탄도미사일 트라이던트II를 장착한 잠수함을 보내 한국을 안심시키려는 것이다. 북한이 한국에 핵무기를 사용하면 "정권의 종말"을 가져올 것이라는 '말폭탄'과 함께.

그런데 안보는 상대가 있는 게임이다. 북한도 2차 공격 능력 확보를 위해 SLBM을 개발하고 시험발사했는데, 공교롭게도 이 미사일의 이름이 북극성(폴라리스)이다. 또 김정은은 고체연료를 사용하는 대륙간탄도미사일ICBM 화성-18형 시험발사 자리에서 "적들에게 시종 치명적이며 공세적인 대응을 가해 극도의 불안과 공포에 시달리게 할 것"이라고 경고했다. 워싱턴 선언이 있던 4월의 일이다.

이렇듯 북한과 미국의 핵 정책은 싸우면서 닮아가고 있다. 이를 말리면서 국민의 생명과 재산을 지켜야 할 윤석열 정부는 북미 간 '공포와 종말의 공방전'에 오히려 기름을 붓고 있다. 물론 목적은 상대의 적대 행위를 억제하려는 것이겠으나, 그 방식 — 한반도식 공포의 균형 — 은 매우 취약하고 불안정하다.

북한의 경제난과 식량난을 보는 다른 눈

6

선적 중인 대북지원용 쌀. 2010년 군산항의
모습이다. 십수 년 전 사진을 찾아야 할 만큼
오랫동안 북한은 한국과 국제사회의
인도적 지원 제안을 거절해오고 있다.
이렇듯 '굶주림'과 '퍼주기'는 옛말이건만
한국인은 여전히 과거의 렌즈로 북한을 바라본다.

정파와 무관하게 1990년대 이후 한국과 미국에 들어선 모든 정부의 대북정책에는 '북한 경제가 매우 어렵다'는 인식이 깔려 있다. 실제로 북한은 1990년대 중후반 '고난의 행군'으로 표현되는 극심한 경제난과 식량난을 겪었다. 이렇듯 '빈곤한 북한'은 인도적 지원과 경제협력 및 제재 완화를 통해 북한의 변화를 도모하려는 포용정책(햇볕정책)부터, 대북 제재 유지·강화를 통해 북한의 변화를 압박하거나 붕괴를 유도하는 강경정책에 이르기까지 다양한 정책의 근거로 소비되어왔다.

지금도 마찬가지다. 2022년 각종 미사일 시험발사와 한미연합훈련 맞대응에 나선 북한의 행보를 두고 예의 '경제난'을 거론하는 평론가들이 적지 않다. 대부분은 미국을 압박해 제재 완화를 꾀한다는 분석이다. 경제난이 부른 민심 이반과 내부의 불만을 외부로 돌리기 위한 도발이라는 해석도 뻔하긴 마찬가지다. 한미 양국 정부는 "북한의 도발이 경제난만 심화시킬 것"이라며 추가 제재 카드를 꺼내든다. 이처럼 북한의 경제난을 '상수'로 간주하고 북한의 행태를 아전인수식으로 판단하면 대북정책은 겉돌 수밖에 없다. 멀리 갈 것 없이 지난 문재인 정부가 그랬다.

김정은이 통신선을 복원한 까닭

2021년 7월 27일의 일이다. 400일 넘게 끊겼던 남북 간 통신연락선이 복원되었다. 문재인 대통령과 김정은 위원장 사이의 친서 교환을 통해 이뤄진 복원이었기에 더욱 눈길을 끌었다. 남북 남북 양측은 통신연락선 복원이 "남북관계 개선과 발전에 긍정적으로 작용하게 될 것"이라고 이구동성으로 강조했다. 그런데 2019년 8월 이후 "남조선을 상대하지 않겠다"고 선언했고, 이듬해 6월에는 대남 관계를 "대적 관계"로 표현하면서 통신선을 자른 북한이 선뜻 복원에 합의한 까닭은 무엇일까?

문재인 정부 안팎에선 '삼중고'(대북 제제, 코로나19 팬데믹, 수해)에 처한 북한이 백신 등 인도적 지원과 제재 완화를 바라고 유화적으로 나온 것이라는 견해가 대부분이었다. 그러나 근거가 부족했다. 북한은 코로나19 바이러스가 유행한 2020년 이후 한미 양국의 방역·의료 물자 지원 제안에 무응답으로 일관해왔기 때문이다. 2021년 1월 8차 당대회에서 김정은은 백신 등 인도적 지원과 경제협력은 "비본질적인 문제"라고 일축했다. 또 대북 제재를 자력갱생과 자급자족을 실현할 수 있는 "좋은 기회"로 여긴다고 밝혔다. 그렇다고 김정은이 "근본 문제"로 지목한 한미연합훈련과 남한의 첨단무기 도입이 중단된 것도 아니었다.

궁금증은 시간이 지나면서 '부분적으로' 풀렸다. 8월 들어 문재인 정부는 "남북 통신선 복원과 한미연합훈련은 무관하다"라며 한미연합훈련을 실시했다. 정부는 북한의 관계 개선 의도가 '삼중고'를 더는 데 있다고 보았고, 따라서 연합훈련의 축소·실시 정도는 양해하리라 기대한 것이다. 백신 등 인도적 지원 의사도 거듭 밝혔다. 하지만 북한이 원한 것은 물자 지원이 아니었다. 다음달로 예정된 한미연합훈련을 멈춰달라는 것이었고, 기대가 실망으로 바뀌자 또다시 강경한 자세로 돌아섰다.

그렇다면 2019년 7월 김정은이 통신선 복원에 합의하면서 남북관계 개선의 필요성을 강조한 배경과 의도는 무엇일까? 통신선 복원 50여 일 전 노동당 전원회의에서 김정은이 남긴 말에 주목할 필요가 있다. "시시각각 변화되는 (국제 및 지역 문제들의) 상황에 예민하고 기민하게 반응 대응하며 조선반도 정세를 안정적으로 관리해나가는 데 주력해나가야 한다." 이 발언 직후 김정은-문재인 간에 수차례 친서가 오갔고, 그 결과가 바로 통신선 복원이었다.

당시는 미중 전략경쟁으로 한반도 주변 정세가 어수선한 상황이었다. 각자 동맹의 체인에 묶인 남북한은 대만 등에서 미중 무력 충돌이라도 발생하면 의도치 않게 전쟁에 빨려 들어갈 위험을 안고 있다. 김정은은 남북관계 개선을 통해 그 위험을 관리하고 싶었던 것으로 보인다. 그럼에도 기어코 한미 연합훈련이 실시되자 남북관계에 미련을 버리고 핵무력 증강을 통한 전쟁 억제력 확보에 집중하기로 마음먹었을 것이다.

새로운 북한과
관성에 빠진 남한

돌이켜보면 문재인 정부는 코로나19 바이러스가 유행하기 시작한 2020년 초부터 이 사태를 남북관계 회복의 기회로 여겼다. 북한의 보건의료 체계가 부실한 만큼, 방역·의료 물자 지원을 통해 2019년부터 급격히 악화한 남북관계의 전기를 마련할 수 있다고 본 것이다. 이 과정에서 씁쓸한 광경도 연출됐다.

남한의 지원 제의에 북한이 묵묵부답으로 일관하자, 2020년 12월 강경화 당시 외교부장관은 이를 조롱하며 불신을 드러냈다. "북한이 우리의 코로나19 대응 지원 제안에 반응하지 않고 있다. (…) 이 도전이 북한을 더욱 북한답게 만들었다고 생각한다." 폐쇄적인 북한이 코로나19 사태를 맞아 문을 더욱 단단히 걸어 잠그고 있다는 뜻으로 읽히는 발언이다. "그들(북한)은 여전히 어떠한 (코로나19 확진) 사례가 없다고 말하지만 이는 믿기 어렵다"라는 말도 덧붙였다. 사흘 후 북한이 발끈하고 나섰다. 김여정 노동당 중앙위원회 제1부부장이 강경화의 발언을 '망언'으로 규정하고는 "그 속심 빤히 들여다보인다. (…) 정확히 들었으니 우리는 두고두고 기억할 것이고 아마도 정확히 계산되어야 할 것"이라고 쏘아붙인 것이다.

코로나19 팬데믹과 관련해 북한의 대처는 두 가지로 압축된다. 하나는 외부로부터 '악성 바이러스 침투' 가능성을 봉쇄하기 위해 국경을 완전히 닫은 것이다. 또 하나는 외부, 특히 남한과 미국의 지원 없이 스스로 극복하겠다는 것이었다. 북한은 2022년 3월까지 한 명의 확진자도 발생하지 않았다고 발표했지만 문재인 정부는 이를 그대로 믿기 어려우며 북한 스스로 팬데믹 위기를 극복하기 어려울 거라는 견해를 밝혔다. 그러면서 북한도 내심으론 도움을 바랄 테니 인도적 지원을 통해 남북관계 회복에 나서보겠다는 태도를 바꾸지 않았다.

이는 '새로운 북한'과 '관성에 빠진 남한' 사이의 엇갈림을 잘 보여준다. 김정일 시대의 북한이라면, 남한의 지원과 제안을 수용할 가능성이 높다. 하지만 김정은은 외부의 지원에 의존하기보다는 스스로 이겨내야 한다는 기조를 유지해왔다. 실제로 인도적 대북 지원 사업에 누구보다 적극적이었던 문재인 정부 시기의 실제 지원액은 2000년대의 1/100 수준으로 급감했다. 정부 지원은 전혀 없었고, 민간에서만 11억 원의 지원이 있었다. 국제사회의 모금액도 급감했는데, 김정은 정권 첫해(2012년)에 1억1700만 달러이던 것이 2014-2020년에는 3000

만-4000만 달러로 1/3 토막이 났고, 2021년에는 1400만 달러로 쪼그라들었다. 이후 북한 정권의 요구로 코로나19 유행 이전까지 북한에서 활동하던 국제기구 직원들과 인프라가 모두 철수하면서 모금액은 100만 달러대까지 떨어졌다.[14]

북한의 경제성장률
-0.9% vs. 5.1%

북한에 대한 고정관념, 즉 만성적 경제난의 근거는 한국은행 추정치다. 한국은행은 2015년부터 5년간 북한의 경제성장률을 각각 -1.1, 3.9, -3.5, -4.1, 0.4%로 추정했다.[15] 이에 따르면 북한의 연평균 경제성장률은 약 -0.9%이다. 2020년 8월 노동당 전원회의 결정서에 언급된 "국가경제의 성장 목표들이 심히 미진되고 인민생활이 뚜렷하게 향상되지 못한 결과도 빚어졌다"라는 대목은 이러한 추정을 뒷받침한다. 또 김정은이 2020년 10월 열병식에서 주민과 장병 앞에서 눈물을 보이고 이듬해 1월 8차 당대회에서 국가경제발전 5개년 계획(2016-2020, 이하 '5개년 계획')의 실패를 자인한 것 역시 북한의 경제난을 보여준다는 평가도 많았다.

그런데 북한이 2021년 7월 유엔의 '지속가능한 발전을 위한 고위급 정치포럼'에 제출한 〈자발적 국가 검토 보고서Voluntary National Review, VNR〉에는 전혀 다른 수치가 등장한다. 5개년 계획의 '전략적 목표 달성'에는 실패했다고 평가하면서도, "2015-2019년 5년간 연평균 경제성장률이 5.1%"라고 보고한 것이다.[16] 같은 기간 한국은행의 추정치보다 6%나 높은 수치이다. 5개년 계획 당시 북한은 미국의 제재로 경제발전에 심각한 장애를 겪고 있음을 호소하며 제재 해결을 강력히 요구하는 입장이었다. 제제의 고통을 강조하려는 북한으로선 유엔에 거짓으로 높은 성장률을 써낼 이유가 없다.

이 기간 여러 전문가의 증언도 북한의 경제사정이 세간에 알려진 것보다 나아졌음을 짐작게 한다. 중국 옌볜대학 경제관리학원 동북아경제연구소장 최문은 2017년 《중앙일보》와의 인터뷰에서 "최근 북한 경제학자들을 만나보니 그들은 북한 경제성장률을 7-9%로 분석했다"라고 밝혔다.[17] 내가 2017-2019년에 걸쳐 만난 중국의 전문가와 관료들도 '북한 경제가 눈에 띄게 좋아졌다'고 평가했다. 2013년 '병진노선'을 채택한 이후 수입대체 산업화와 국산화의 비중을 크게 높인 것이 성장의 배경이라는 분석도 함께였다.

북한의 5년간 연평균 경제성장률이 유엔에 보고한 대로 5.1%에 이른다면 베트남·인도네시아 등 아세안의 개발도상국과 엇비슷한 성장세를 기록한 셈이다. 그렇다면 북한이 5개년 계획을 실패로 규정한 이유는 무엇일까? 아마도 경제성장률 목표를 5.1%보다 훨씬 높게 잡았기 때문일 것이다. 특히 2017년부터 대폭 강화된 경제제재와 연이은 자연재해, 그리고 2020년부터는 코로나19 유행에 따른 국경 봉쇄로 성장 동력이 감소한 것으로 보인다. 북한 역시 〈VNR〉에서 이들 요인이 "경제발전에 심각한 장애"였다고 인정했다. 그러면서도 "지속적인 경제발전을 위한 자립적인 노력의 토대는 마련되었다"라고 강조했다.

같은 보고서에서 북한은 '연평균 5% 이상의 경제성장률 지속'을 목표로 제시했다. 북한이 2021년 1월 8차 당대회에서 새로운 5개년 계획(2021-2025)을 수립하고 7월에 유엔 보고서를 제출했으니 이 목표치는 2021-2025년을 가리킨 것으로 보인다. 때마침 김정은이 2022년 9월 시정연설에서 "2025년 말에 가서 2020년 수준보다 국내총생산액은 1.4배 이상, 인민소비품 생산은 1.3배 이상" 성장을 목표로 제시한 것도 이러한 분석을 뒷받침한다. 북한이 〈VNR〉에서 밝혔듯 연평균 5-6% 성장률이면 충분히 달성할 수 있는 목표이기 때문이다.

과거 5개년 계획의 지지부진을 질타하던 김정은이 최근 들어 성과를 언급하고 있다는 점 역시 주목된다. 그는 2022년 6월 노동당 전원회의에서 "국가경제정책집행과 관련하여 중요하게 평가할 수 있는 성과는 돌발적인 비상방역사태 속에서 안정과 발전 속도를 확실히 유지하고 있는 것"이라고 말했다. 또 3개월 뒤 시정연설에서도 8차 당대회 이후 1년 8개월 동안 △국가경제의 명맥과 전일성 강화 △경제관리의 불합리한 문제 개선 △생산 정상화와 개건 현대화 △원료와 자재의 국산화 △주택 문제 해결 등에서 성과가 있다고 강조했다.

시진핑 중국 국가주석이 2022년 10월 김정은에게 보낸 친서에서 "나는 총비서 동지를 수반으로 하는 조선노동당의 영도 밑에 조선인민이 최근 경제발전과 인민생활 개선에서 끊임없이 새로운 성과를 이룩하고 있는 것을 기쁘게 보고 있다"라고 밝힌 것도 같은 맥락에서 이해할 수 있다. 2019년만 해도 중국이 북한의 경제난에 우려를 표하며 "힘닿는 데까지 돕겠다"라고 밝힌 걸 생각하면 격세지감이다.

물론 이런 분석과 근거들이 곧장 북한 경제의 괄목할 성장을 증명하지는 않는다. 다만 생각의 폭을 넓힐 계기는 될 것이다. 이를테면 북한 스스로 공개한 경제성장률이 존재하는 데도 한국은행의 추정치에만 근거해 경제난을 언급하는 버릇은 합리적인 태도가 아니라는 것. 또 하나 알 수 있는 것은 삼중고와 교역의 급감에도 불구하고 북한 경제가 그럭저럭 버텨왔다는 사실이다. 이는 코로나 이전부터 북한 경제에서 대외 무역이 차지하는 비중이 20% 안팎에 불과하며, 그마저도 국산화를 이뤄온 덕분일 것이다. 따라서 북한 경제는 지금부터가 더 중요하다. 2023년 하반기에 북중·북러 교역이 재개되고, 이것이 북한의 자력갱생 및 자급자족 노선과 맞물려 선순환한다면 '북한=경제난'이라는 편견을 깨는 성장도 기대할 수 있을 것이다.

제재 해결에서
제재와 더불어

경제제재에 대한 북한의 해법이 바뀌었다는 점도 매우 중요하다. 요컨대 '제재 해결Without Sanctions'에서 '제재와 더불어 With Sanctions'로의 전환이다. '과거의 북한'은 미국 주도의 경제제재에 비명을 질렀고 이를 풀어달라며 읍소도 했다. 2019

년까지도 그랬다. 앞서 살폈듯 김정은은 2018년 6월 싱가포르 1차 북미정상회담을 통해 기대한 제재 완화가 따라주지 않자 이를 비난하며 미국의 태도 변화를 촉구한 바 있다. 이듬해 2월 베트남 하노이에서 열린 2차 북미정상회담에서도 영변 핵시설 폐기와 제재 완화를 맞바꾸려고 했다. 그러나 이 회담에서도 쓴맛을 보면서 김정은은 다른 해법을 찾기 시작했다. 두 달 뒤 4월 최고인민회의 시정연설에서 "제재 해제에 더 이상 집착하지 않겠다"라고 한 것이다. 물론 그때까지도 기대가 남아 있었다. "(미국이) 지난번처럼 좋은 기회를 다시 얻기는 분명 힘들 것"이라며 '미국의 용단'을 촉구했다.

2019년 6월 판문점 남북미 정상회동마저 '사진 찍기용'으로 귀결되면서 미련은 사그라들었다. 연말 노동당 전원회의에서 제재 해제가 "절실히 필요한 것은 사실"이지만 "지금껏 목숨처럼 지켜온 존엄을 팔 수는 없다"라며 "자력갱생"으로 "정면 돌파"를 다짐한 것이다. 2021년 1월 8차 당대회에서는 "(경제건설) 결함의 원인을 객관이 아니라 주관에서" 찾겠다고 밝혔다. '객관'인 제재에 고통스러워하고 해결을 요구하기보다는 '주관'인 자력갱생과 자급자족을 강화하는 "절호의 기회로 반전시키겠다"라는 의미다. 다시 말해 '제재할 테면 해라. 우리는 우리식대로 가겠다'는 메시지다.

1990년대 '고난의 행군'과 2020년대 코로나19 팬데믹에서의 대응을 비교하면 달라진 북한을 읽을 수 있다. '고난의 행군' 당시 김정일 정권은 식량난을 대북 제재 탓으로 돌리면서도 미국 등 국제사회와 남한은 인도적 지원은 거부하지 않았다. 반면 김정은 정권은 2022년 4월에 본격화한 코로나19 유행에 "건국 이래 대동난"이라며 고통스러워했지만 제재를 원망하지도, 외부의 인도적 지원 제안에 응하지도 않았고 스스로 이겨낸다는 각오를 밝혔다. 일각에선 코로나 대확산으로 북한 정권이 붕괴할 수 있다는 전망이 쏟아지는 가운데 그해 8월엔 "방역대전에서 승리를 거뒀다"라는 발표가 나왔다. 처음엔 믿을 수 없다며 고개를 갸우뚱하던 전문가들도 시간이 흐르며 하나둘 수긍하는 분위기다.

경제제재는 비핵화를 비롯한 대북정책의 강력한 도구였다. 경제난에 빠진 북한으로선 제재 해소가 절실했기 때문이다. 그런 북한이 제재에 대한 입장을 바꿨다. 물론 제재 해결이 여전히 '불감청고소원'이겠지만, 핵 포기를 압박하거나 거래할 수 있는 수단으로서의 가치는 없다는 것이다. 이뿐만 아니다. 남북 경제협력 재개를 위해서는 제재 해결이 필수다. 그럼에도 북한이 '제재와 더불어'를 선택했다는 것은 남북경협에 대한 미련도 버렸다는 의미다. 남북관계의 패러다임이 바뀌고 있는 것이다.

아사자가 속출한다고?

우리에게 익숙한 '과거의 북한'은 언제나 식량난에 시달린다. 한국인의 머릿속에서 북한 주민은 늘 굶주리는 존재다. 2021년 4월 노동당 세포비서대회 폐막식에서 김정은이 예의 '고난의 행군'을 언급한 바 있다. 그러자 국내외에선 북한의 식량 상황이 수많은 아사자가 나온 1990년대만큼 어렵다는 보도가 쏟아졌다.

한데 당시 김정은의 발언 전문은 이랬다. "우리 인민에게 최대한의 물질 문화적 복리를 안겨주기 위하여 나는 당중앙위원회로부터 시작하여 각급 당 조직들, 전당의 세포비서들이 더욱 간고한 '고난의 행군'을 할 것을 결심했다." 맥락을 보면 인민 복지를 위해 당 간부들부터 허리띠를 졸라매자고 독려하는 표현일 뿐 심각한 식량난을 떠올릴 구석은 어디에도 없다. '과거의 북한'에 갇힌 미디어의 착시가 낳은 가짜뉴스다. 문제는 이런 보도가 곧잘 사실로 통용되면서 '새로운 북한'을 보는 눈을 가리는 것이다.

요즘도 북한이 기근에 시달린다는 뉴스가 심심찮게 나온다. 윤석열 정부 출범 이후에는 정부발 소식도 한몫을 단단히 하고 있다. 2022년 7월 국가안보실은 "북한의 여러 가지 경제 상황, 제재 국면, 코로나19, 기타 질병, 폭우로 인한 피해 등을 종합적으로 분석해보면 아사자가 발생하는 것도 그다지 놀라운 일은 아닐 수 있다"라고 밝혔다. 이런 소식은 북한의 핵과 미사일 활동에 대한 비난으로 연결된다. 2023년 1월 권영세 통일부장관은 "북한은 (작년에) 거의 1조 원 가까운 돈을 미사일 도발에 쏟아 부었다. (…) 부족한 식량 전체를 살 수 있는 어마어마한 돈"이라고 주장했다.

2월엔 대통령실이 나섰다. 그에 따르면 북한의 대륙간탄도미사일ICBM 화성포-15형 발사 직후 열린 NSC 상임위원회에서 "참석자들은 북한 내 심각한 식량난으로 아사자가 속출하는 상황에서 북한 정권이 주민의 인권과 민생을 도외시하며 대규모 열병식과 핵·미사일 개발에만 매달리고 있음을 개탄했다". 그러자 직전까지 북한의 상황이 "아사자가 속출할 정도는 아니라고 본다"라고 하던 통일부는 "최근 아사자가 속출하는 등 심각한 식량난"이라며 말을 뒤집었다. 5월의 소식통은 국가정보원이다. 북한의 식량난이 악화되면서 아사자가 예년의 3배에 달하고 민생고로 인한 강력 범죄와 자살자도 크게 늘어났다는 전언이다. 이후 북한의 식량난을 이야기하는 언론 보도가 크게 늘었다.

물론 '삼중고'를 겪어온 북한이 일시적 식량 부족에 빠질 가능성은 충분하다. 그렇더라도 한국 정부의 주장만큼 심각한 상황일까? 2023년 5월 직접 만나본 중국의 관계자들은 '북한이 식량난을 해결했다고 보기는 어렵지만, 아사자가 속출하고 있다는 징후는 발견되지 않았다'고 평가하며 식량 사정은 개선될 가능성이 높다고 전망했다.

이보다 조금 이른 시기지만 탈북자들의 진술도 이를 뒷받침한다. 서울대 통일평화연구원이 2018년에 탈북한 주민 116명을 대상으로 설문조사를 한 결과(2019)를 보면, 87.9%가 '북한에서 하루에 세 끼 이상 식사를 했다'고 답했다. 과거에 비해 크게 높아진 수치다. 연구진은 "2015년 이후 결식자는 거의 없는 것으로 조사됐다"라고 발표했다. 탈북민 대부분이 사회경제적 약자 출신임을 고려하면 북한의 식량 상황을 짐작해볼 수 있는 대목이다.

여전히 퍼주고 있다는 착각

북한이 극심한 식량난을 겪어왔다는 가장 큰 근거는 한국 농촌진흥청과 세계식량농업기구FAO의 추정치다. 국내 언론이 자주 인용하는 농촌진흥청 추정치에 따르면 2016-2022년 북한의 식량 생산량은 451만 톤, 482만 톤, 455만 톤, 464만 톤, 440만 톤, 469만 톤, 451만 톤이다. 국제기구인 FAO의 추정치도 이와 비슷하다. 이를 근거로 북한이 매년 100만 톤 안팎의 식량이 부족하다는 보도가 생산된다.

그런데 북한이 2021년 7월 유엔에 제출한 〈VNR〉 보고서를 보면, 북한이 자체적으로 추계한 곡물 생산량은 농촌진흥청과 FAO의 추정치보다 훨씬 많다. 2016-2020년 생산량이 순서대로 585만 톤, 550만 톤, 485만 톤, 665만 톤, 552만 톤이다. 또 2022년 2월 15일자 《조선신보》는 2021년의 곡물 생산량을 550만 톤이라고 보도했다. 연평균으로 비교하면 농촌진흥청과 FAO의 추정치보다 100만 톤가량 많은 것을 알 수 있다. 북한의 통계 작성 역량의 부족을 감안하더라도 유엔에 제출한 〈VNR〉은 엄연히 1차 자료다. 그런데도 한국 정부와 언론은 그보다 추정에 기반을 둔 농촌진흥청과 FAO의 자료를 더 맹신하는 경향이 강하다.

어느 쪽이 더 정확할까? 동국대 DMZ평화센터의 김일한 연구위원은 FAO 추정치의 허점을 지적한다. FAO는 2016년부터 개인텃밭에서의 생산량을, 2018년 이후에는 경사지에서의 생산량을 통계에서 제외했다. 그런데 북한 당국은 개인텃밭과 경사지에서의 생산을 독려하고 있다. 또 FAO는 수확 후 손실량을 2016년 75만 톤에서 2021년에는 100만 톤으로 올려 잡았다. 이에 대해서도 김일한 위원은 북한이 영농기계화, 운반능력, 도정 및 보관 시설을 꾸준히 개선해왔다며 "손실분이 감소하고 있다고 추정하는 것이 합리적"이라고 분석했다.[18]

또 하나의 변수는 북한의 먹을거리 다변화다. 김정일 시대까지만 하더라도 북한 주민의 주식은 옥수수와 쌀 등 곡물과 감자였지만 근래 북한은 곡물 증산과 별개로 다양한 먹을거리 개발에 나서고 있다. 앞서 인용한 서울대 통일평화연구원의 탈북자 설문조사에 따르면, 북한에서 고기 섭취를 얼마나 했느냐는 질문에 응답자의 46.6%가 '일주일에 한두 번', 15.5%가 '거의 매일 먹었다'고 답했다. 2018년 조사 때보다 각각 12.9%, 3.9% 증가한 수치다. 정책면에서도 북한은 축산 시설의 신축과 현대화를 꾸준히 진행하고 있다. 육류가 먹을거리에서 차지하는 비중이 커지고 있는 것이다.

수산물과 그 가공품의 섭취량도 증가하는 걸로 보인다. 북한 무역수지의 효자 노릇을 하던 수산물은 2017년 유엔 안보리 제재로 수출길이 막혔다. 이에 당국은 수산물을 내수용으로 돌리는 한편, 젓갈 등 가공식품 생산량을 늘리고 있다. 채소, 과일, 기호식품 생산도 마찬가지다. 먹을거리 다변화는 곡물 의존도를 낮춘다. 따라서 곡물 생산 부진을 곧장 식량난의 악화로 연결 짓는 시각엔 허점이 많다.

농업은 여전히 북한의 중심이다. 2021년 당대회의 경제정책을 보면 북한이 "자립경제의 쌍기둥"이라고 부르는 금속과 화학 부문과 함께 인민생활에 직결되는 농업, 경공업, 살림집 건설을 핵심 산업으로 꼽고 있다. 2022년에는 농촌발전 10개년 계획을 수립해 식량문제의 완전한 해결과 농촌주민의 생활환경 개선을 목표로 제시했고, 2023년 재정 계획에서는 농촌발전 부문 지출 규모를 전년보다 14.7% 증액했다.

이러한 관찰과 서술은 북한의 식량난을 부정하려는 게 아니다. 김정은 정권의 핵과 미사일 개발을 두둔하기 위함은 더더욱 아니다. '과거의 북한'에 갇히지 않으려면 기존의 정보에만 기댈 게 아니라 다각도로 실상에 접근해야 한다는 것이다.

그래야만 각주구검을 피할 수 있다. 2023년 국내외에선 북한의 극심한 식량난을 앞다퉈 보도했지만, 7월 4일《로동신문》과《조선중앙통신사》는 이 해 상반기에 북한이 거둔 "농업전선에서부터 눈부신 기적적 성과들"을 전한다. 전국적 관개공사를 진행해 자연재해 예방의 토대를 구축했고, 식량 증산의 발판인 경작지 확대에도 성공했다는 것이다.

앞서 언급했듯 김정은이 집권한 2012년 이후 한국은 물론 국제사회의 대북 지원이 급감했다. 이는 식량 문제에서도 마찬가지로, 북한 스스로 해결하겠다는 결심이 가져온 변화다. 그런데도 한국은 여전히 북한을 지원의 대상으로 본다. 진보와 중도는 '어려운 북한 주민을 도와야 한다'는 명분과 '남북관계 개선에 도움이 된다'는 실리를 강조한다. 보수와 극우는 인도적 지원을 대북 압박 수단으로 여긴다. 2023년 3월 윤석열 대통령은 통일부에 이런 지침을 내렸다. "통일부는 앞으로 북한 퍼주기는 중단하고, 북한이 핵 개발을 추진하는 상황에서는 단돈 1원도 줄 수 없다는 점을 확실히 하라." 과거에도 '퍼주기'가 있었는지 의문이지만, 정부 차원의 대북 지원이 중단된 지가 언젠데 아직도 이런 발언이 나오는 게 놀라울 따름이다.

어떤 명분과 목적에서든 북한을 지원의 대상으로 보는 것은 남북관계의 현실에도 맞지 않고 문제를 푸는 데도 도움이 되지 않는다. 나아가 국민에게 착시를 일으킨다는 점에서 더욱 해롭다. 문재인 정부는 기회가 있을 때마다 북한을 돕겠다고 했지만 북한은 거부하거나 응답하지 않았다. 윤석열 정부는 이미 중단된 대북 지원을 또다시 중단하겠다며 엄포를 놓는다. 그 덕분에 국민들은 여전히 한국과 국제사회가 북한을 돕고 있다고 착각한다. 이런 괴리는 '주민들은 굶주리는데 김정은 정권은 핵과 미사일에만 매달린다'는 인식과 맞물려 새로운 대북정책 수립을 더욱 어렵게 만들고 있다.

병진노선은 망국의 길일까?

7

핵무기의 경제성에 착안해 재래식 군비를
축소하고, 그렇게 아낀 비용을 경제발전에
투자한다는 점에서 아이젠하워와 김정은의 노선은
다르지 않다.

The "New Look"

DURING the early 1950s, the Eisenhower Administration ushered in what came to be called the "New Look" in US strategic affairs. It was a major transition, one that pushed strategic airpower—and thus the United States Air Force—to the forefront of the nation's Cold War defense policies.

Gen. Dwight D. Eisenhower, World War II's Supreme Commander, Allied Expeditionary Force, had won the 1952 Presidential election and took office in early 1953, just as the trauma of the Korean War was headed toward an armistice. The hard-fought war marked a major turning point in US security affairs. Its aftermath would see a rise in the importance of a large nuclear deterrent force.

The Korean War had sparked a huge US buildup, and there would be no going back to the status quo ante. Unlike in other postwar periods, the US did not dismantle its military strength.

The US had repeatedly slashed its post-World War II force. On the eve of the Korean War, which erupted June 25, 1950, its size had bottomed out at fewer than 1.5 million airmen, soldiers, sailors, and Marines. The Communist attack jolted the US into a new buildup. Within a year, America had 3.3 million troops under arms, and the wartime force peaked in 1953 at more than 3.6 million. Between the end of the Korean War in 1953 and the start of the Vietnam War buildup in 1965, US end strength never fell below 2.5 million and averaged 2.8 million in any given year.

Under Eisenhower, however, there was to be a major re-examination of

By Hermar

the parts, balance, and composition of this force. The emphasis would be on countering Soviet power and general war. Korea had generated a strong distaste for regional conflict.

Investing in Airpower

The result of the Eisenhower review was the emergence of a deeper dependence on nuclear weapons and long-range airpower to deter war. Eisenhower chose not to maintain all of the very large Army and Navy that had fought the Korean War. He chose, rather, to invest more heavily in airpower, especially Strategic Air Command, in large part because that kind of defense could be built for lower cost. The planned USAF buildup to 143 wings had been imperiled by the Truman Administration's final fiscal plan, which provided USAF less money than expected

역사학자 유발 하라리는 이런 말을 남겼다. "서구 국가들이 재래식 무기로 그들(소련을 비롯한 바르샤바 조약기구. 유럽 내 자유주의 진영과 비교해 군사력에서 압도적 우위에 있었다—인용자)과 같은 수준에 다다르려 했다면, 아마 자유민주주의와 자유시장을 철회하고 영구적 전시 상태에 놓인 전체주의 국가가 되어야 했을 것 (…) 자유주의를 구원한 것은 핵무기였다."[19]

김정은 위원장이 하라리의 책을 읽었는지는 알 수 없지만, 핵무력을 '국체'로 삼은 그의 결심은 하라리의 생각과 너무나 닮은꼴이다. 짐작컨대 김정은 역시 '우리식 사회주의를 구원하는 것은 핵무력'이라고 생각하지 않을까? 그렇다면 '경제 건설과 핵무력 건설 병진노선'(이하 병진노선)은 필연적인 귀결이다. 이 노선은 만만치 않은 성과를 내고 있거나 앞으로 성과를 거둘 가능성이 높다. 불편하게 들릴 수도 있겠지만, 이 가능성에 주목해야 한다. 새로운 북한을 정확히 보려면 주관적 확신이나 도덕적 비난을 잠시라도 접어둘 필요가 있다.

병진노선은 2013년 4월 이래 김정은 정권의 핵심 국가전략이다. 한때 이 노선은 폐기될 운명에 처하기도 했다. 2018년 3월에 남북·북미 정상회담이 합의되자 '경제발전에 유리한 대외환경'을 기대한 북한이 4월 노동당 전원회의를 통해 병진노선의 종결을 선언한 것이다. 하지만 2년간의 협상이 실패로 끝난 2021년 1월 당대회에서 이 노선이 되살아났다. 병진노선이라고 직접 언급되진 않았지만 그 내용을 보면 '병진노선 2.0'이다. 핵무력 건설에 박차를 가하면서 대북 제재를 상수로 둔 채 자력갱생과 자급자족을 통해 경제발전도 이루겠다는 노선을 분명히 하고 있기 때문이다.

아이젠하워와
덩샤오핑의 전례

색안경을 벗고 보면 북한의 이러한 선택은 유별난 게 아니다.

병진노선의 핵심은 '안보의 경제성'이다. 그리고 이는 재래식 군비를 축소하면서 핵전력의 증강으로 이를 상쇄하려고 한 미국 아이젠하워 행정부의 '뉴룩New Look', 이를 그대로 모방한 소련의 흐루쇼프, '양탄일성兩彈一星'(원자탄·수소탄과 인공위성)을 완성함으로써 경제발전을 꾀한 중국의 덩샤오핑 등의 맥을 잇는 유서 깊은 논리다. 가까이는 경제발전과 자주국방을 동시에 추구한 박정희 정권이 핵개발을 시도한 것도 마찬가지 맥락이다. 미국의 '뉴룩'과 중국의 '양탄일성'을 좀 더 살펴보자.

'안보와 지불능력Security and Solvency'을 기조로 삼는 뉴룩은 재래식 군사력의 비중은 줄이는 대신에 핵전력과 사용 위협을 높이는 것을 골자로 한다. 이러한 관점은 "감당하기 힘든 안보 부담은 경제적 재앙으로 이어진다", "우리가 핵무기를 갖고 있지 않거나 그것을 사용할 의지가 없다면 전 세계에 걸쳐 우리의 군사적 공약을 유지하는 것은 불가능하다"라는 아이젠하워의 발언에 잘 담겨 있다.[20] 요컨대 핵무기를 경제적 부담은 최소화하면서 안보 수요를 감당할 수 있는 최적의 대안으로 간주한 것이다.

양탄일성의 주창자는 중국 개혁개방과 경제발전의 기수인

덩샤오핑이다. 그는 집권 초기에 로켓과 핵무기 개발에 집중해 대륙간탄도미사일ICBM과 잠수함발사탄도미사일SLBM 시험발사에 성공했다. 양탄일성의 완성은 중국에 두 가지 전기를 마련했다. 첫째, 군사대국으로 올라선 중국이 미국·소련 등 다른 강대국의 침략이나 간섭을 걱정하지 않고 자기 목소리를 낼 수 있게 되었다. 둘째, 양탄일성을 보유했기에 재래식 군비 감축을 통해 경제발전에 힘쓸 수 있게 되었다. 실제로 덩샤오핑은 인민해방군 병력을 절반 가까이 줄였고 국방비 지출도 최대한 억제했다. 또한 역설적으로 덩샤오핑은 마오쩌둥이 시작한 양탄일성을 완성함으로써 마오쩌둥 시대를 극복할 수 있었다.

덩샤오핑은 "1960년대 이래 중국에 원자탄, 수소탄, 인공위성 발사가 없었다면 중국은 중요한 영향력을 갖춘 대국이라 할 수 없었을 것이며 현재와 같은 국제적 지위도 없었을 것"이라며, "이는 민족의 능력을 반영한 것이며 민족과 나라의 번영과 발전의 표지가 된다"라고 평가했다. 그의 후계자인 장쩌민도 "양탄일성은 신중국의 발전과 중화민족의 영광과 자부심을 상징하는 위대함"이라고 극찬했다. 나라 이름만 바꾸면 북한이 핵실험이나 장거리 로켓을 발사하고 나서 내놓은 성명과 똑같은 내용이다. 일본《마이니치 신문》이 보도에 따르면, 2013년 2월 3차 핵실험 직후의 북한 노동당 내부 강연에서 중국의 양탄일성 소개와 함께 이런 언급이 있었다. "우리 역시 핵과 위성 발사 운반로켓 확보 여부가 우리의 경제건설 및 인민 생활 향상에 얼마나 유리한 정세를 만들 수 있느냐로 이어지게 됩니다."[21]

그런데도 유독 북한의 병진노선에 대해서만큼은 비관적 견해가 절대다수다. '북한의 핵무장과 경제발전은 양립할 수 없다'는 게 상식으로 통용된다. 여기에 경제난의 원인이 북한의 핵개발이라는 진단과 '주민들은 굶주리는데 핵개발에만 매달린다'는 비난이 따라붙는다. 그러나 북한의 병진노선의 핵심 기조 역시 '안보의 경제성'에 있다. 즉 핵무력 건설을 통해 '자위적 억제력'을 구축하고 재래식 군비 부담을 줄여 경제건설과 인민 생활 향상에 쓰겠다는 것이다. 이와 관련해 러시아의 한반도 전문가 게오르기 톨로라야Georgy Toloraya는 수차례의 방북을 통해 평양뿐만 아니라 농촌의 경제 사정도 좋아진 것을 확인했다며, "북한이 상대적으로 군비 부담이 적은 핵개발에 집중하면서 재래식 군비 부담을 줄여 경제 분야에 투입한 것이 성과를 거두었다"라고 주장했다.[22]

통념상 동의하기 힘든 진단일 것이다. 한정된 자원을 핵과 미사일 개발에 투입하면 경제건설 재원은 그만큼 부족할 수밖에 없다. 또 핵무장은 강력한 경제제재를 불러 투자와 교역의 위축을 초래하고 세계경제 체제로의 편입을 불가능하게 만든다. 그러나 통념으로는 설명할 수 없는 대목이 있는 법이다. 병진노선의 경제적인 측면에 대한 종합적인 분석이 그러하다.

병진노선의 세 가지 경제성

첫째는 가성비에 따른 '예산 조정'이다. 병진노선의 골자는 핵무력 증강과 재래식 군비의 절감이다. 북한은 2013년 3월 병진노선을 선포하면서 "자위적 핵무력을 강화 발전시켜 나라의 방위력을 철벽으로 다지면서 경제건설에 더 큰 힘을 넣어 사회주의 강성국가를 건설하기 위한 가장 혁명적이며 인민적인 노선"이라고 주장했다. 특히 "새로운 병진노선의 참다운 우월성은 국방비를 추가로 늘리지 않고도 전쟁억제력과 방위력의 효과를 결정적으로 높임으로써 경제건설과 인민 생활 향상에 힘을 집중할 수 있게 한다는 데 있다"라고 강조한다.

북한이 핵무기나 운반체인 미사일 개발에 어느 정도 투자하고 있는지는 확인하기 어렵고 논쟁도 분분하다. 국내외 일부 전문가들은 단거리 미사일 한 발에 200만~300만 달러가 소요된다고 보지만 북한의 선전매체 《류경》은 "사회주의 국가에서 인건비와 토지비용, 원자재 가격은 자본주의 국가의 계산 방식과 완전히 다르다. 공화국에서의 미사일 발사 비용은 1/10도 안 된다"라고 반박한다.[23] 분명한 점은 핵무기와 미사일의 개발·생산에 들어가는 비용이 재래식 군사력을 운용하는 부담보다는 훨씬 작다는 것이다. 단거리 미사일의 개당 비용을 100만 달러로 잡아도 현대식 전투기 가격의 수십 분의 일에 불과하다.

더구나 북한은 우라늄 광산에서부터 사용 후 연료 재처리에 이르기까지 자체적인 핵연료 주기를 완성해놓고 있다. 또 소련제 미사일을 역설계하는 방식으로 스커드와 노동 계열의 미사일을 만들던 과거와 달리, 최근에는 자체 기술로 신형 미사일을 연이어 선보이고 있다. 이러한 북한의 핵과 미사일 개발·생산 능력이 병진노선을 추진하는 자신감의 근거다. '가성비'가 뛰어난 핵과 미사일을 통해 예산을 늘리지 않고도 국방력을 건설할 수 있다고 자신하기 때문이다.

2013년 이래 북한의 국방예산은 총예산 대비 15.8%에서 16% 사이를 유지하고 있다. 반면에 경제와 인민 생활, 그리고 과학기술 예산은 점차 증가했다. 경제건설 예산의 추이를 보면 2013년부터 매년 4.9-6.2%씩 늘어났다. 2021-2022년에만 0.6%, 2% 증액에 그쳤는데, 이는 같은 시기 코로나19 대응 예산이 신설된 여파다.[24] 방역 대전에서 승리를 선언한 뒤로 경제건설 예산 비중은 다시 증가하고 있다.

둘째는 군민융합軍民融合이다. 같은 명칭을 가진 중국의 사례를 참고할 만하다. 중국의 군민융합발전위원회에 따르면, 이 정책으로 군수산업체의 민수용 제품 생산 비중이 비약적으로 늘어났다. 1978년 8.1%에서 1993년에는 77.4%까지 폭등했다. 2000년 이후 군수산업체는 65-90%의 생산물을 민수용 제품으로 채우고 있다. 이러한 성과를 주도한 인물은 역시 덩샤오핑이다. 그는 1980년에 인민해방군 및 군수산업체에 민수용 사업의 비중을 늘릴 것을 지시했다. 이를 위해 위해 국방과학기술산업위원회를 만들고 인재들을 군민융합 사업에 투입했다.[25] 정리하면 중국의 군민융합은 정권 차원의 강한 의지와 제도적 뒷받침, 그리고 군부 및 군수산업체 간부들의 충성에 힘입어 경제발전에 기여했다.

북한도 중국의 사례를 롤모델로 삼은 것으로 보인다. 2018년 4월 조선노동당 결정서에 따르면 "당과 국가의 전반 사업을 사회주의 경제건설에 지향시키고 모든 힘을 총집중할 것"이며, "무력기관들의 역할을 높일 것"이라고 한다. 김정은도 2019년 신년사에서 군수공업 부분의 고유 역할과 더불어 "경제건설을 적극 지원"할 것을 주문했다. 물론 북한군이 재해 복구 및 건설과 농업 현장에 투입되는 일은 과거에도 잦았다. 병진노선은 이러한 추세를 더욱 강화했고, 기계 생산 등 다른 분야로의 확대를 불렀다. 2022년 9월 황해남도 해주시에서 5500여 대의 농기계 전달 행사가 열렸는데, 이들 기계의 생산·제작을 군수공업 부문이 맡았다. 이를 두고 《로동신문》은 김정은이 "군수공업 부문이 총궐기해 농업부문을 비롯한 인민경제 부문들을 지원하도록 현명하게 이끌어주셨다"라고 언급했다고 전했다.[26]

셋째는 군사 분야의 민수 전환이다. 이와 관련해선 소련의 사례를 반면교사로 삼은 것으로 보인다. 소련의 공산당 서기장 미하일 고르바초프는 1988년 유엔총회 연설에서 약 400개의 군수산업체를 민수용으로 전환하겠다고 발표했다. 그러나 이 방침은 군부 및 군수산업체 관계자의 반발과 저항에 흐지

부지되고 말았다. 이때 해결하지 못한 과도한 군비 부담은 소련 몰락의 원인 가운데 하나였다.[27] 이에 비해 북한에선 군사 분야의 민수 전환 과정에서 조직적 저항이나 반발은 관측되지 않고 있다. 김정은 정권이 군부와 군수산업을 경제건설의 역군으로 치켜세우며 자부심을 심어주는 전략이 주효한 것으로 보인다.

북한의 민수 전환은 인력과 산업, 그리고 토지 이용에서 부분적으로 확인된다. 국가정보원에 따르면, 북한은 2021년 1월 국가경제발전 5개년 계획을 수립하면서 북한군 사병의 복무 기간을 남성은 기존 8-9년에서 7년으로, 여성은 6-7년에서 5년으로 줄였다. 국정원은 이를 경제건설에 젊은 노동력 투입을 확대하고 군 정예화를 도모하기 위한 조치로 풀이했다.[28] 토지 및 산업 분야에선 대규모 공군기지를 민수용으로 전환한 것이 확인된다. 북한은 2020년에 함경북도 경성군의 군 비행장을 '중평남새(채소)온실농장'으로, 2022년에는 함경남도 함주군의 군 비행장을 '연포온실농장'으로 전환했다.

이처럼 병진노선이 경제성을 띠고 있다면, 그 정도를 재평가하는 게 마땅하다. 이념적 선입관이나 도덕적 거부감에 압도되면 병진노선의 실체를 파악할 수 없고, 그 잠재력이나 성과 역시 제대로 볼 수 없다. 국내에서는 정식명칭인 '경제건설과 핵무력 건설 병진노선'을 '핵·경제 병진노선'이라고 부르면서 핵무력에만 초점을 맞추는 경향이 강하다. 하지만 북한은 핵무기와 미사일만 만드는 나라가 아니다. 언론이 보도하지 않을 뿐, 경제 분야에서도 성큼성큼 변화가 드러나고 있다. 다시 말해 병진노선은 김정일 시대의 '선군정치'를 김정은 시대의 '선경정치'로 전환한다는 전략도 내포한 것이다.

북핵 인플레이션과 ███████

███████ 대북 억제 결핍감

███████████████ 8

북한의 반도미사일 공격에 대비한 지대공 요격
체계 천궁Ⅱ. 한국군의 대북 억제력은 이미
일본보다 낫다고 평가받고 있다. 필요 이상의
불안과 공포가 야기하는 핵공유 등의 '과잉 억제'는
결국 비싼 청구서로 돌아오기 마련이다.

북한의 핵 고도화와 관련해 국내 언론에 자주 등장하는 표현이 '게임 체인저Game Changer'다. 군사용어로 한정하면 '전쟁의 흐름이나 판도를 바꾸는 무기체계나 전략'이라는 뜻으로, 최근엔 북한이 미사일을 쏠 때마다 이 표현이 등장한다. '북한판 이스칸데르'로 불리는 신형 단거리 미사일에 게임 체인저라는 또 하나의 별칭이 붙은 것은 이 무기가 비행 중 하강하다가 다시 상승하는 '풀업 기동' 성능을 갖춰 요격이 어렵기 때문이라고 한다. 북한이 극초음속 미사일을 선보여도 게임 체인저를 이야기한다. 저고도·초고속으로 비행하는 극초음속 미사일은 MD로 대응하기 힘들다는 것이다.

2021년 10월 북한이 수중 바지선이 아닌 잠수함에서 잠수함발사탄도미사일SLBM을 시험발사할 때도 언론은 어김없이 게임 체인저를 거론했다. 북한이 은밀한 기동이 가능한 잠수함에서 미사일을 쏠 수 있다면 한반도 안보의 양상이 바뀐다는 것이다. 이 밖에도 북한이 전술핵을 탑재할 수 있는 초대형 방사포나 신형 전술미사일을 선보여도 마찬가지 반응이 나오곤 한다.

게임 체인저를 아예 꼬리표처럼 달고 있는 무기는 대륙간탄도미사일ICBM이다. 2017년 북한이 ICBM급 미사일을 잇달아 선보이자 국내 미디어의 지면과 자막은 게임 체인저로 도배되다시피 했다. 게임 체인저 타령은 북한이 고체연료를 사용하는 ICBM을 선보인 2022년부터 다시 기승을 부리고 있다.

그런데 상기한 북한의 무기들을 '전쟁의 흐름이나 판도를 바꾸는 무기체계'로 규정하는 것은 합당할까? 북한이 핵탄두를 장착할 수 있는 여러 종류의 미사일을 선보였다고 해서 그 무기들이 한반도 정세를 바꾼다거나 군사력 균형에 변화를 가져온다고 보긴 어렵다. 정세를 더욱 악화시키고 군비경쟁을 격화하는 요인은 되겠지만 말이다.

물론 북한의 핵무장 자체는 한반도와 주변 정세에 중대한 영향을 미친다. 특히 북한의 핵개발이 대외 관계 개선을 위한 외교적 수단으로서의 기능은 사라진 채 그 자체가 목적이 되어버린 현실은 정전체제에서 평화체제로의 전환을 핵심으로 하는 한반도의 평화적인 현상 변경도 불가능하게 만들 것이기에 더욱 그러하다. 따라서 북한의 핵무장 자체는 게임 체인저가 맞다. 하지만 이를 잘게 쪼개 미사일이 날아오를 때마다 같은 의미를 부여하는 것은 양치기 소년의 행동과 다를 게 없다. 당장 관심을 끄는 데는 유리하겠지만, 그런 식으로 거품을 잔뜩 씌우면 북핵의 본질을 제대로 볼 수 없기 때문이다.

북핵 인플레이션

북핵 인플레이션, 즉 북핵 위협을 과장하는 언동의 최고봉은 북한이 핵무기를 앞세워 남벌南伐, 즉 적화통일에 나설 것이라는 시나리오다. 그 선봉에는《조선일보》가 있다. 이 신문은 2022년 8월 3일자에 안드레이 란코프Andrei Lankov 국민대 교수의 인터뷰를 실었다. 그는 "북한은 모든 국력을 핵·미사일 개발에 집중해 큰 성공을 이뤘다. (⋯) 북한의 남벌은 꿈이 아닌 '현실'이다"라고 주장했다. 근거로는 "미국이 서울을 지키기 위해 참전한다면, 미국 대통령은 LA나 샌프란시스코 또는 뉴욕이 북한의 ICBM 공격을 여러 발 받아 많은 희생자가 날 가능성을 고려하지 않을 수 없다"라는 점을 들었다. 이 신문의 안용현 논설위원은 란코프의 인터뷰를 인용하면서 "김정은은 핵으로 '한국 예속화'를 꿈꿀 것"이라며 "시간이 얼마 없다"라고 거들었다.

핵을 가진 북한이 한반도 공산화를 시도하리라는 주장은 이전에도 있었고, 앞으로도 계속 나올 것이다. 이런 주장의 논리 구조는 대략 이렇다. 1단계로 북한이 파괴력이 낮은 전술핵 무기를 동원해 남한에 기습적인 핵공격을 가하거나 위협한다. 2단계로 북한이 전략핵무기인 대륙간탄도미사일로 미국의 대도시를 공격하겠다고 위협하면서 미국의 개입을 차단한다. 3단계로 북한이 한국군과 주한미군의 주요 기지에 핵미사일 공격을 가해 한미연합 전력을 무력화하고 특수부대를 투입해 남한의 주요 시설을 장악한다. 끝으로 북한이 지상군을 투입해 한반도 무력통일을 완성한다.

그럴듯한 시나리오지만, 치명적인 허점이 있다. 몇 가지만 짚어보자. 북한이 남한에 전술핵공격을 가하거나 위협을 해오면 한미동맹은 어떻게 반응할까? 피해를 줄이기 위해 군사적 대응을 자제하면서 속수무책으로 당하고 있을까? 북한이 미국에 대륙간탄도미사일로 미국의 대도시를 공격하겠다고 위협하면서 개입하지 말라고 하면 미국은 어떻게 나올까? 자국의 피해를 막기 위해 북한의 위협에 굴복할까?

답은 뻔하다. 한미동맹은 북한의 핵공격 위협에는 강력한 보복 능력과 의지를 과시할 것이고, 북한의 명확한 핵공격 징후가 포착되면 선제공격도 주저하지 않을 것이다. 북한이 실제로 전술핵을 사용하면 MD를 이용해 요격을 시도하면서 대량 응징보복에 나설 것이다. 이미 한미동맹은 이러한 능력을 갖추고 있고 또 의지 표명도 분명히 해왔다. 위에서 언급한 1단계부터 말이 안 된다는 것이다.

2단계 가정도 황당하긴 마찬가지다. 미국은 냉전 시대에 최대 4만 개의 핵무기를 보유한 소련을 상대로도 동맹국을 보호하기 위해 핵우산을 펼쳤다. 이러한 미국의 확장억제 정책은 미소 냉전 종식 뒤에도 유지되어왔다. 미국이 과거의 소련, 현재의 러시아·중국과는 비교할 수 없는 약소국인 북한의 위협에 굴복해 한국을 포기할지 모른다는 생각은 기우다. 더군다나 한국에는 주한미군을 포함해 10만 명이 넘는 미국인이 거주하고 있다. 오히려 미국은 북한이 미국 본토를 향해 핵위협을 가해 오면 "가용한 모든 수단을 동원해 보복할 것"이라고 경고할 것이 확실하다. 여차하면 선제공격에 나설 수도 있다. 현 바이든 행정부를 포함해 어떤 미국 정부도 이 문제에 관한 한 예외가 없다

차라리 질문을 달리해볼 필요가 있다. 미국의 압도적인 보복 위협을 받은 북한은 어떤 선택을 할까? 이를 허풍으로 간주하고 미국이 보복하지 못할 것이라는 일말의 희망으로 핵무기를 앞세워 남벌을 시도할까? 그건 10발들이 권총에 9발을 장전한 상태에서 벌이는 '러시안룰렛'과도 같다. 이 게임에서 북한 지도자가 본인의 관자놀이에 총구를 대고 방아쇠를 당길 수 있을까?

미국이 북한의 위협에 굴복할 수 없는 또 다른 이유도 있다. 미국의 세계 전략의 핵심에는 동맹이 있고 동맹은 신뢰에 기초한다. 이는 미국이 북한의 위협에 굴복하는 순간 세계 전략의 근간이 무너진다는 것을 의미한다. 한국은 물론이고 미국의 많은 동맹국이 '더 이상 미국을 믿을 수 없다'며 각자도생에 나설 것이기 때문이다. 미국이 공들여 만들어온 미사일방어체제MD도 빼놓을 수 없다. 미국은 MD를 추진하면서 북한을 최대 구실로 삼아왔는데, 그 북한의 위협에 굴복하면 '수백 조원을 들여 MD를 뭐 하러 만들었냐'는 비난이 쏟아질 것이다.

MD는 미국 군산복합체의 '황금알을 낳는 거위'이자 미국 정부의 21세기 패권 전략의 핵심이다. 북핵이 두려워 MD를 무용지물로 만들 리는 만무하다는 것이다.

이밖에도 북한이 핵을 앞세워 남벌을 시도할 것이라는 주장을 반박할 수 있는 근거는 차고 넘친다. 한미연합 전력은 실시간으로 북한의 군사적 움직임을 속속들이 파악하고 있다. 한국의 경제력은 북한의 50배 이상으로, 북한 GDP의 1.5배를 국방비로 사용하고 있다. 한국의 전쟁수행능력이 북한을 압도한다는 것이다. 국제사회에서의 지위 또한 비교하기 민망할 정도로 한국이 우세하고, 한국에 거주하는 외국인도 220만 명이 넘는다. 이 가운데 절반 이상은 북한이 우호 관계를 맺고 있는 중국과 베트남 국적자다. 이런 한국을 상대로 북한이 핵전쟁을 벌인다는 것은 전 세계와의 전면전을 선택하는 것과 마찬가지다.

북한이 남침을 시도할 수 없는 가장 결정적인 이유도 있다. 북한이 핵을 앞세워 남벌을 시도하는 순간 지구상에서 사라질 운명에 처할 나라는 대한민국이 아니라 조선민주주의인민공화국이 될 것이다. 이는 김정은 정권도 잘 알고 있다. 생존을 위해 핵무기를 만든 북한이 한반도를 공산화하기 위해 선제적으로 핵전쟁을 선택할 리 없다는 지적도 이러한 맥락이다.

역설적으로 북핵을 과대평가하는 세력은 김정은 정권과 일부 대북 강경파다. 북한 정권은 핵무력을 '만능의 보검'이라고 치켜세운다. 일부 대북 강경파는 북핵을 적화통일을 가능케 하는 '마법의 지팡이'라도 되는 양 묘사한다. 북핵을 적화통일과 등치하는 것은 비현실적일 뿐만 아니라 위험하다. 과도한 피해망상은 우리를 병들게 한다. 북핵에 대한 종말론적인 공포심은 한미동맹을 강화해야 한다는 강박으로 이어지고, 이는 미국의 부당하고 위험한 요구에 우리를 취약하게 만든다. 이미 천문학적인 국방비를 더 늘리면 민생과 기후위기 대처를 위해 사용되어야 할 자원의 낭비로 이어진다. 북핵 대처를 비롯한 대북정책의 생산적인 토론도 저해한다. 무엇보다도 과도한 피해망상이 전쟁의 위험을 키운다.

대북 억제는 부족한가?

북핵 인플레는 한국인의 불안을 자극한다. 덩달아 대북 억제가 부족하다는 느낌, 즉 결핍감도 커지고 있다. 여기서 근본적인 질문을 던져보자. 과연 대북 억제는 실제로 부족할까? 대북 억제는 이미 강력한데도 결핍감이 드는 것은 아닐까? 이렇게 느끼고 있다면 이는 합리적일까? 이러한 결핍감을 채워야 한다는 강박이 이로운 것일까?

질문에 답하기 위해서는 우선 억제deterrence의 개념부터 살펴보자. 이와 관련해 혹자는 "(상대방이) 선제타격을 해도 이것이 봉쇄될 것이라는 인식을 상대방에게 심어주는 한편, 일단 이를 뚫고 공격을 해도 우리에게 끼치는 피해보다 응징으로 인한 자신들의 피해가 훨씬 더 클 수 있다는 두려움을 주어야 한다"라고 주장한다.[29] 그런데 이런 정의는 자의적이다. 억제의 사전적 정의는 "어느 세력이 보복의 위협을 효과적으로 활용함으로써 적대 세력이 공격하지 못하도록 하는 것"이다. 이때 '보복의 위협'은 무력 공격을 통해 얻고자 하는 이익보다 손실이 더 크다는 점을 상대가 깨닫게 하려는 것이다.[30] 억제의 중요성은 상호 간 피해 규모의 차이가 아니라 침략자의 손익 관계에 미치는 영향에 있다는 뜻이다. 이러한 원칙과 개념에 따르면 대북 억제는 절대 부족하지 않다.

우선 최근 자주 등장하는 '확장억제'부터 살펴보자. 미국이 한국에 제공해온 확장억제는 1950년대 주한미군 및 핵우산에서 시작되어 재래식 군사력, MD, 비핵 첨단무기로까지 영역이 확대되어왔다. 기본 취지는 미국이 북한에 가공할 보복의 위협을 가해 동맹국인 한국을 공격하지 못하게 한다는 것이다. 북한이 최근 고체연료를 이용한 ICBM 화성-18형을 시험발사하는 등 핵과 미사일 고도화에 나서고 있어 확장억제의 강화와 구체화는 필수라는 인식 혹은 강박이 더욱 강해지고 있다. '워싱턴 선언'은 그런 강박의 산물이다. 후술하겠지만, 이 선언의 골자는 점증하는 북핵 위협을 억제하기 위해 세계 최강인 미국의 핵전력을 가시화하겠다는 것이다.

여기에 첨단무기로 무장한 3만 명의 미군이 한국에 주둔하고 있고 미국의 역외 전력도 수시로 한국을 오가고 있다. 또 한반도 유사시 전력 공여를 약속한 16개의 유엔사 회원국도 있다. 특히 유엔사 회원국인 호주와 영국은 유엔사 후방기지가 있는 일본과 필요 시 군대 파견을 원활히 한다는 '원활화 협정'을 체결했고, 한미연합훈련에도 참가하고 있다. 일본의 군비 증강의 목표 가운데 하나도 대북 억제 강화다. 이를 위해 적 기지 공격을 의미하는 '반격 능력' 보유를 공식화하고 토마호크 등 공격용 미사일 도입에도 나서고 있다.

한국의 독자적인 대북 억제력은 어떨까? 한국은 지난 30년 간 900조 원에 육박하는 국방비를 쏟아부어 세계 6위의 군사력을 갖춘 상황이다. 미국의 군사력평가기관인 글로벌파이어

파워Global Firepower, GFP 따르면, 2023년 한국의 순위는 우리가 통상 군사대국이라고 부르는 일본보다 2단계 앞서 있다. 군사 억제의 대상인 북한보다는 28단계나 높다. 이 기관의 평가에는 핵무기가 포함되지 않아 한계가 있지만, 한국의 군사력이 결코 만만찮다는 게 데이터로 확인되는 것이다. 특히 억제의 핵심 수단인 미사일 전력은 일취월장하고 있다.

한미동맹 및 유관국의 공격력만 강해지고 있는 것이 아니다. 유사시 아측의 피해를 줄이겠다는 MD는 한미일 3자로 확대·강화하고, 북한의 군사적 움직임을 실시간으로 파악하는 감시정찰 능력도 보강되고 있다. 무엇보다 공세적 군사 전략을 채택해 유사시 군사력 사용의 신뢰성이 증가하고, 이러한 의사를 북한에 공개·전달하는 움직임도 강해지고 있다. 실제로 한미동맹은 선제공격 전략에 해당하는 '킬 체인', 참수 작전, 대량응징보복, 북한 점령 등을 공공연히 언급하며 훈련을 진행한다. 미국은 북한이 한국을 상대로 전술핵을 사용하더라도 김정은 정권은 종말을 맞이할 것이라고 위협을 공개적으로 발신하고 있다.

과잉 억제의 대가

이러한 내용을 종합해보면 대북 억제는 '결핍'이 아니라 차라리 '과잉'이다. 한미 양국도 2023년 상호방위조약 체결 70년을 맞이해 한미동맹이 가장 성공적인 동맹이라고 자평하고 있다. 이러한 평가는 70년간 북한의 남침을 성공적으로 억제해왔다는 점에 기초한다. 그런데도 한국이 대북 억제 결핍을 호소하면서 과도한 억제를 추구하면, 유비무환을 넘어 과유불급의 우를 범하게 된다. 더 나아가 과비유환過備有患의 위험마저 품고 있다. 왜 그럴까?

한미는 1970년대 후반부터 '팀 스피릿' 연합훈련을 통해 강력한 대북 억제를 추구했다. 얄궂은 사실은 북한이 핵개발에 나선 이유 중 하나가 이 훈련에서 느낀 공포감이라는 것이다. 35년간 미군으로 근무하면서 대다수 한미연합훈련에 참가한 로버트 콜린스Robert Collins는 2014년 《38노스》 기고문에서 이렇게 분석했다. "북한이 핵무기를 비롯한 '비대칭' 무기 개발을 본격화한 것도 세계 최대 규모로 강해진 한미연합훈련에 대한 대응의 성격이 짙다." 노태우-아버지 부시 대통령이 1992년 1월 팀 스피릿 중단을 발표하면서 손에 잡힐 듯했던 비핵화가 이 훈련의 재개로 멀어진 것도 잊어서는 안 될 교훈이다.

한국이 결핍감에 시달리면서 북한의 핵과 미사일 '위협'을 과도하게 억제하려고 할수록 정작 북한의 핵과 미사일 '능력'의 억제가 힘들어진다는 역설을 이해하는 것도 매우 중요하다. 한미, 혹은 한미일이 대북 억제 강화를 이유로 군사력과 준비태세를 강화할수록 북한도 마찬가지 선택을 해왔고 앞으로도 그럴 것이기 때문이다. 그리고 이는 충분히 예견된 일이다. 한미동맹에 압도적 열세인 북한이 핵과 미사일로 이를 상쇄하려고 한다는 점은 미국의 정보기관들도 오래전부터 예측해왔기 때문이다.

내가 결핍감의 문제를 제기한 이유는 크게 세 가지다. 하나는 위에서 언급한 군비경쟁과 안보 딜레마의 '악순환'이다. 이러한 악순환을 멈추지 않으면 대북 억제가 아무리 강해져도 결핍감은 영원히 충족될 수 없다. 또 하나는 미국의 확장억제와 한미일의 군사적 결속이 북한만을 상대로 하는 것이 아니라는 점이다. 특히 중국과 러시아는 저마다 자신을 겨냥한 군사적 조치로 간주하면서 맞대응에 나서고 있고, 이는 이미 악화일로를 걷고 있는 한중·한러 관계에 더더욱 큰 부담과 위험을 야기한다. 마지막으로 한국이 이미 충분히 강력한 미국의 확장억제를 더 강화해달라고 매달릴수록 미국은 한국에 부당 청구서를 당당히 내밀 것이다. 한국이 미국에 준 돈이 남아도 는데도 방위비 분담금을 인상하라는 요구에서 인플레이션감 축법IRA과 반도체법에 이르기까지 미국의 이기적 행태는 절 제를 모른다. 존재하지 않는 결핍과 강박을 채운 대가로 미국 의 갑질과 부당 청구서를 감내하는 악순환을 끊어내야 한다.

핵공유는 왜 나라마다 다를까?

9

2023년 4월 26일 '워싱턴 선언'에 합의하는 한미 정상.
회담 직후 터져나온 '사실상 핵공유' 논란은 정치가
증폭시킨 국민의 안보 불안감을 정치적으로 해소하려다
실패한 케이스다.

북핵이 고도화되면서 한국인에게 익숙하게 다가온 군사용어가 있다. '핵공유Nuclear Sharing'다. 특히 2023년 4월 한미정상회담을 전후해 핵공유가 신문 지면과 뉴스의 자막을 도배했다. '웃픈 해프닝'도 벌어졌다. 정상회담 직후인 4월 27일 김태효 국가안보실 1차장은 '워싱턴 선언'을 통해 "우리 국민이 사실상 미국과 핵을 공유하면서 지내는 것으로 느껴지게 될 것"이라고 말했다. 그런데 바로 직후 에드 케이건Edgard D. Kagan 백악관 국가안보회의NSC 동아시아·오세아니아 담당 선임국장이 한국 특파원단과의 브리핑에서 "직설적으로 말해 우리는 워싱턴 선언을 사실상 핵공유라고 보지는 않는다"라고 말했다. 다음날 하야시 요시마사林芳正 일본 외무상은 미국과 핵공유는 "일본 정부로선 논의할 생각이 없다"라고 밝혔다.

한미일은 사실상의 동맹을 추구할 정도로 군사협력의 수위를 크게 높이고 있다. 윤석열 대통령이 5월 기시다 후미오 일본 총리와의 정상회담을 마치고 가진 기자회견에서 "(한일) 양국은 북핵 위협에 함께 노출돼 있다"라고 말할 정도로 북핵에 대한 위협 인식도 동조화하고 있다. 또 미국은 미일동맹을 한미동맹보다 더 중시한다. 그런데 왜 핵공유를 둘러싸고 한미일이 입장 차이를 보이는 것일까? 미국은 유럽의 북대서양조약기구NATO(나토) 회원국들과 핵공유를 하고 있다는데, 왜 한국의 요구를 들어주지 않는 것일까? 왜 일본은 한국과 달리 핵공유를 논의할 생각이 없다고 하는 것일까?

나토와 한미동맹의 차이

공유는 어떤 물건을 함께 소유하거나 공동으로 통제한다는 뜻이다. 그런데 미국이 자신의 핵무기를 다른 나라와 공동으로 소유한다는 건 상상하기 힘들다. 자연스럽게 이러한 의문이 들 것이다. 미국은 나토 회원국 일부와 핵무기를 공유하고 있지 않냐고?

꼬리에 꼬리를 무는 의문을 풀기 위해 역사의 시곗바늘을 1960년대로 돌려보자. 조금 더 앞선 1950년대 중후반부터 미국은 유럽, 한국, 오키나와 등에 핵무기를 대거 전진 배치했다. 공산 진영의 재래식 공격에도 핵무기로 대응할 수 있다는 '대량보복전략'의 일환이었다. 그런데 큰 차이가 있었다. 유럽에 배치된 미국 핵무기는 나토 회원국들과의 협의를 거쳐 이뤄졌다. 반면 미국은 한국과 상의하지 않고 비밀리에 핵무기를 배치했다. 당시 오키나와는 일본 영토가 아니라 미국령이었다. 이 차이는 핵공유와 관련해서도 다른 양상을 만들어내게 된다.

1954년부터 유럽에 핵무기를 배치하기 시작한 미국은 1966년에 나토 회원국들과 '핵공유 협정nuclear sharing arrangements'을 체결한다. 나토 비핵 회원국들도 나토 차원의 핵 정책과 기획에 참여할 수 있는 문을 열어준 것이다. 나토식 핵공유는 평시에는 접수국 기지에 배치된 핵무기를 미군이 관리·보호하다가 유사시 접수국의 전투기에도 탑재되는 방식으로 운영된다. 프랑스를 제외한 나토 회원국은 '핵기획 그룹'에 참여해 나토의 핵 정책 발전과 실행에 관여하고 있다.

미국은 한국에도 1950년대 후반부터 핵무기를 배치했고,

1970년대 초반에는 그 수가 1000개에 육박했다. 그런데도 미국이 한국과 핵공유 협정을 체결하지 않은 이유는 무엇일까? 1953년에 체결된 정전협정을 의식했기 때문이다. 이 협정에는 '신무기 반입 금지' 조항이 있다. 이에 따라 미국이 한국에 핵무기를 배치하고 핵공유 협정을 체결하는 것은 정전협정 위반이다.

동시에 아이젠하워 행정부는 대규모의 주한미군을 유지하는 데 따르는 경제적 부담을 줄이고 싶었다. 그 대안이 핵무기 전진 배치다. 그럼 미국은 정전협정과 한국 내 핵무기 배치 사이의 딜레마를 어떻게 풀었을까? 한국과 협의 없이 몰래 갖다놓는 방식이다. 당연히 한미 핵공유 협정도 없었다. 미국은 핵무기 배치 의혹이 제기될 때마다 확인도 부인도 하지 않는 'NCND'를 고수했다. 미국이 한국에 핵무기 배치 사실을 인정한 것은 1975년이다. 박정희 정권의 핵개발을 눈치챈 미국이 이를 저지하기 위한 조치였다.

시간이 흘러 정전협정의 '신무기 반입 금지' 조항이 유명무실해지고 북한의 핵 고도화가 현실로 다가오자 한미가 '나토식 핵공유'를 추진해야 한다는 주장이 힘을 얻었다. 하지만 이역시 사실상 불가능하다. 핵확산금지조약NPT 때문이다. NPT

1조는 핵보유국은 핵무기에 대한 "관리를 직접적으로 또는 간접적으로 어떠한 수령자에 대하여도 양도하지 않을 것을 약속"하고, 2조는 비핵국가가 핵무기의 "관리를 직접적으로 또는 간접적으로 어떠한 양도자로부터도 양도받지 않을 것"이라고 규정한다.

그렇다면 나토의 핵공유 협정은 어떻게 이 조항들을 피해 간 것일까? 나토는 두 가지를 강조한다. 하나는 핵공유 협정이 1966년에 체결된 만큼, 1970년에 발효된 NPT에서 자유롭다는 것이다. 또 하나는 "동맹의 핵보유국들이 그들의 핵무기에 대한 절대적인 통제와 관리를 유지"하고 있기 때문에, "비핵국가에 핵무기 통제 이전을 금지한 NPT 1조 및 2조와 부합한다"라는 것이다. 이는 NPT 발효 이후에도 나토가 이 조약을 위반하는 게 아니라는 점을 강조하기 위해 만들어진 논리다.

그런데도 NPT 위반 주장이 제기되자 나토는 더욱 분명한 입장을 밝혔다. "미국이 상시적으로 이들 무기에 대한 완전한 통제권과 관리권을 보유하고" 있기 때문에, 나토 일부 회원국들 전투기에 핵무기가 탑재되더라도 그 관리권과 통제권은 전적으로 미국에 있다는 것이다. 다시 말해 일부 나토 회원국이 미국의 핵을 공유하는 게 아니라 미국이 이들 국가의 전투기를 공유한다는 의미다.

　미국이 워싱턴 선언을 '사실상의 핵공유'도 아니라고 못 박은 것도 이러한 맥락이다. 미국 입장에서 "핵공유에 대한 정의는 핵무기의 통제와 관련"된 만큼, 핵을 통제하는 데 한국이 관여할 수 있다는 어떠한 여지나 뉘앙스조차 주지 않겠다는 것이다. 오히려 워싱턴 선언에는 한국이 NPT와 한미원자력협정을 준수한다는 내용이 담겨 있는데, 이는 한국이 독자적인 핵무장을 하지 않겠다는 약속과 다름없다. 여기에는 한미 모두 NPT 회원국인 만큼 나토식이든 그 어떤 식이든 핵공유는 불가하다는 의미도 함께 담겨 있다.

일본이 핵공유를 마다하는 까닭

일본 얘기로 넘어가 보자. 일본이 미국과 핵공유를 논의할 생각조차 없다고 말하면서 꺼낸 것은 '비핵 3원칙'이다. 비핵 3원칙은 1967년부터 사토 에이사쿠佐藤榮作 총리가 주창한 것으로 '핵무기를 제조하지도, 보유하지도, 반입하지도 않는다'는 것을 의미한다. 그런데 이 원칙이 나온 배경이 흥미롭다. 당시 미일 간 오키나와 반환 협상이 본격화되었고, 국제적으로는 NPT 논의가 급물살을 타고 있었다. 또 히로시마와 나가사키 피폭을 경험한 일본에서는 자국 내에 핵무기가 존재해서는 안 된다는 여론도 강했다. 그런데 오키나와에는 무려 1200개의 미국 핵무기가 배치되어 있었다. 오키나와 반환을 추진한 사토와 비핵화를 원한 여론이 충돌한 셈이다.

사토는 이 딜레마의 해법으로 NPT를 주목했다. 미국이 강력히 추진하는 조약인 만큼, 일본이 서명을 약속하면 오키나와 반환 협상에 유리하리라 내다본 것이다. 일본은 유일한 피폭국이면서 급격한 경제성장에 힘입어 주요 국가로 올라서고 있었기에 그 상징성도 컸다. 실제로 일본은 NPT 발효 한 달 전인 1970년 2월 이 조약에 서명했다. 이후 협상에서 일본은 미국에 오키나와를 비핵화해 돌려달라고 요구했고 이를 관철했다. 비핵 3원칙은 이런 배경에서 탄생한 것이다. 그 대신 일본은 핵무기를 탑재한 미국 함정의 기항이나 통과를 묵인하는 별도의 비밀협정을 맺었다.

시간이 지나면서 비핵 3원칙은 일본의 '국시'가 되었다. 미국 핵무기의 기항이나 통과도 이 원칙에 따라 불허해야 한다는 목소리도 커졌다. 이는 2023년 5월 윤석열 대통령이 한일 정상회담을 마치고 가진 기자회견에서 한미 핵협의그룹NCG

에 "일본의 참여를 배제하지 않는다"라고 밝힌 반면에, 기시다 총리는 신중한 반응을 보인 것과 맥락이 닿는다. 한미 워싱턴 선언에는 미국의 탄도미사일핵잠수함SSBN의 기항 등 핵 전략 자산의 전개도 담겨 있다. 그런데 일본이 여기에 참여한다면 비핵 3원칙이 훼손될 수 있다. 최초의 피폭 도시인 히로시마에서 정치적으로 성장했고, 그 상징성을 반영해 히로시마를 G7 정상회담 개최지로 정한 기시다로서는 윤석열의 발언이 달갑지만은 않은 것이다.

핵공유나 미국의 확장억제를 둘러싼 한일간의 엇박자는 여기에서 그치지 않는다. 한미 워싱턴 선언의 껍질을 벗겨보면, 이 선언은 '신뢰의 증표'보다는 '불신의 산물'에 가깝다. 미국은 틈만 나면 확장억제가 굳건하며 북한의 도발은 정권의 종말을 부를 것이라고 엄포를 놓았다. 그런데도 한국에선 이를 믿지 못하는 보수 진영을 중심으로 핵공유나 한국의 독자적 핵무장을 허용해달라고 요구했다. 워싱턴 선언은 이러한 맥락에서 나온 것이다.

반면 일본은 북핵 고도화에 따른 안보 불안감을 미국 확장 억제에 대한 확고한 신뢰 표명으로 대처해왔다. 전략폭격기-대륙간탄도미사일ICBM-탄도미사일핵잠수함 등 원거리 3축

체계를 비롯한 미국의 핵·비핵 군사력이 막강한 만큼, 핵공유나 워싱턴 선언과 같은 별도의 문서가 굳이 필요하지 않다는 것이다. 비핵 3원칙과 확장억제의 균형을 통해 불필요한 논란을 만들지 않겠다는 일본의 계산이 엿보이는 대목이다.

'핵에는 핵으로 맞서야 한다'는 주장이 득세하지만, 이미 한반도에선 미국과 북한의 핵이 첨예하게 대립하고 있다. 그런데도 한국 영토 바깥에 있는 미국 핵은 신뢰할 수 없다며 미국의 바짓가랑이를 붙잡을수록 신뢰는 겉돌고 실리는 넘겨주게 된다. 윤석열 정부는 한미관계의 핵심 의제를 '핵공유'로 삼고 거기에만 매달리면서 미국의 '반도체 이기주의'에 대처하지 못했고, '반도체 대국'의 위상이 흔들리는 결과를 초래했다. 반면 핵공유 논의는 불필요하다고 선을 그은 일본은 미국과의 반도체 합작에 나서고 있다.

한반도에서 '공포의 균형'은 가능할까?

10

냉전 시대 미국-소련 간 핫라인으로
사용된 레드폰 Red Phone.
미국과 소련은 서로 으르렁대면서도
실제 충돌로 이어지는 경우는 드물었다.
핫라인으로 연결되어 있었기 때문이다.
오늘날 미국과 중국도 마찬가지다.
남북한만 그렇지 못하다. 한반도식
'공포의 균형'이 유난히 불안한 까닭이다.

2023년 6월 15일은 분단 이후 남북 정상이 처음 만나 '6.15 남북공동선언'이 발표된 지 23년이 되는 날이다. 그런데 기념식 대신 대대적 무력시위가 벌어졌다. 한미동맹이 북한과 인접한 포천에서 역대 최대 규모의 '연합·합동 화력격멸훈련'을 실시한 것이다. 이 훈련에는 한국군의 F-35A 전투기, K9 자주포와 미군의 F-16 전투기, 그레이 이글 무인기 등 첨단 전력 610여 대가 동원됐다. 이들 무기가 내뿜은 막강한 화력에 고무된 윤석열은 "적과 싸워 이길 수 있는, 적이 감히 넘볼 수 없는 강군만이" 안전을 보장한다고 말했다. 이에 질세라 북한도 2발의 탄도미사일을 동해상으로 발사하는 훈련을 실시했다. 북한 국방성은 "우리 무력은 적들의 어떤 형태의 시위성 행동과 도발에도 철저히 대응할 것"이라고 발표했다. 무력시위를 통해 '두려움 주기' 공방전이 또다시 벌어진 것이다.

한반도에서 '공포의 균형'은 가능할까? 불가역적인 핵시대로 접어든, 또 무력시위 공방이 갈수록 치열해지는 한반도를 보면서 던지는 질문이다. 공포의 균형은 냉전의 산물이다. 전문 용어로 말하면 '상호확증파괴Mutually Assured Destruction'이다. 수만 개의 핵무기로 무장한 미국과 소련이 '나를 건들면 너도 죽는다'며 자칫하면 모두가 공멸하는 상황을 만들고 이를 유지하는 데 사활을 걸었다는 뜻이다. 공교롭게도 줄임말이 매드MAD다. 미국과 소련 각자가 자기가 죽을 '미친 짓'은 하지 않을 것이라는 인간의 자기보호 본능과 이성에 대한 최소한의 호소가 담긴 표현이다. 실제로 매드는 아슬아슬하게 작동했다. 일각에서 냉전을 '긴 평화'로, 공포의 균형이나 매드를 '전략적 안정'으로 일컫는 까닭이다. 그럼 미국과 북한의 핵이 대치하고, 한미동맹과 북한의 '두려움 주기' 공방전이 점입가경으로 치닫고 있는 한반도는 어떨까?

냉전보다 위험하다

결론부터 말하면 미소 냉전기보다 한반도의 핵시대가 더 불안할 공산이 크다. 무엇보다 지정학적 문제가 작용한다. '대륙간탄도미사일'이라는 명칭에서도 알 수 있듯 미국과 소련은 5500km를 사이에 두고 대치했지만 한미동맹과 북한은 휴전선을 맞대고 있고 서해 북방한계선NLL을 둘러싼 갈등도 완전히 해소되지 않았다. 이는 냉전 시대에 비해 남북한 사이의 우발적·국지적 충돌 가능성이 훨씬 높다는 것을 의미한다. 실제로 정전협정 이후 접경지역을 중심으로 무력충돌은 끊이지 않았다.

또 냉전 시대에는 사실상 MD를 금지한 탄도미사일방어 ABM 조약이 있었지만, 한반도 안팎에선 한미일의 MD가 갈수록 강력해지고 있다. ABM 조약은 1972년 이래 30년 동안 미소(미러) 사이의 군비경쟁을 억제하고 위기관리 및 신뢰 구축에 크게 기여했다. 2001년까지 세계 각국 간 각종 정상회담에서 이 조약을 가리켜 "국제 평화와 전략적 안정의 초석"이라고 불렀던 까닭이다. 하지만 2002년 미국의 일방적 탈퇴 선언으로 ABM 조약이 파기된 이래, 미러·미중 간 군비경쟁이 다시 불붙었다. 중국-러시아의 전략적 결속이 본격화한 것도 이때부터다.

ABM 조약 파기의 여파가 가장 크게 들이닥친 곳이 바로 한반도다. 미국은 이 조약의 탈퇴 및 MD 구축의 최대 구실로 북한을 지목했고, MD의 명시적·잠재적 상대국인 북중러와 가장 가까이 있는 한국을 포섭의 대상으로 삼았다. 한중관계의 '게임 체인저'가 되어버린 사드 배치도 이 조약이 유지되었다면 불가능한 정책이다. 그렇게 MD와 북핵은 '적대적 동반 성장'을 거듭해왔다. 한미일이 북핵에 대응해 MD를 강화하면 북한은 MD를 회피할 수 있는 새로운 미사일을 개발하는 식이다.

1970년대 미소 데탕트Détente(화해, 긴장 완화)도 ABM 조약에 힘입은 바가 크다. 또 1989년 미소의 냉전 종식을 선언은 미국이 MD의 원조 격인 '전략방위구상SDI'를 사실상 철회했기에 가능했다. 그런데 오늘날 북한을 상대로 한 MD는 당연시된다. 핵시대로 접어든 한반도에 전략적 안전장치가 없음을 보여주는 또 하나의 근거다.

미소를 비롯한 강대국 간 전략적 안정은 상대방의 군사적 움직임에 대한 감시·정찰 능력과 떼어놓고 생각할 수 없다. 그런데 한미동맹은 '고성능 망원경'으로 북한을 감시하는 반면, 북한의 감시정찰 능력은 현재까지 '안대'를 낀 수준이라고 해도 과언이 아니다. 북한이 군사정찰위성과 무인정찰기를 띄워도 격차는 줄어들지 않는다. 첨단 정보자산을 갖추어도 인간의 오판과 오인, 그리고 기계의 오작동으로 핵전쟁의 위험이 상존한다는 것이 냉전 시대의 교훈이다. 그런데 정보 능력마저 크게 떨어지는 북한이 어떻게 외부의 중대 공격이 '임박했다고 판단'할 수 있을까?

미소 냉전과 한반도의 핵시대는 또 하나의 결정적 차이가 있다. 미소는 1933년에 관계를 정상화했고, 냉전 시기와 러시아가 소련을 승계한 이후에도 대사급 외교 관계는 끊긴 적이 없다. 핫라인도 존재했다. 이러한 소통 채널은 1962년 쿠바 미사일 위기를 비롯한 여러 충돌과 대립이 핵전쟁으로 번지는 것을 막는 데 기여했다. 그러나 한미동맹과 북한 사이에는 이렇다 할 소통 수단이 없다. 북미관계는 북한 정권 수립 이후 80년 가까이 미수교 상태이고, 남북관계도 후퇴를 거듭하고 있다. 그나마 유지되던 남북 통신선도 2023년 4월에 끊겼다.

이렇듯 충돌과 유사시 확전을 막을 마땅한 대화 채널은 없는 반면에, '말폭탄'과 무력시위는 넘쳐나는 게 한반도의 현실이다. 전쟁이 터지면 한미동맹은 '조선민주주의인민공화국'을, 북한은 '대한민국'을 지도에서 없애버리겠다고 호언장담한다. 전 세계에서 이런 곳은 한반도가 유일하다. 가히 '매드의 경연장'이다.

중재자가 없다

냉전 시대를 돌이켜보면 위기라는 '작용'에 대화와 협상이라는 '반작용'도 따르는 경우를 만날 수 있다. '인류 역사상 가장 위험했던 순간'으로 불린 쿠바 미사일 위기는 대화와 협상을 통해 수습되었고 핵군비 통제의 밑거름으로 활용되었다. 가장 밀도 있는 미소 정상회담이 이뤄진 것도 '핵겨울'이라는 말이 유행할 정도로 핵전쟁 분위기가 고조된 1980년대의 일이다.

한반도도 여러 차례 전쟁 위기를 맞았지만, '끝이 보이는' 위기가 대부분이었다. 대결이 대화로, 위기가 기회로 반전된 데는 여러 가지 요인이 작용하곤 했다. 우선 북한이 곧잘 사용한 '벼랑 끝 전술'에는 한미를 압박해 협상 테이블로 불러내려는 의도가 담긴 경우가 많았다. 때때로 한국이나 미국도 비슷한 전략을 구사했다. 하지만 대화를 노린 위기 조성의 시대는 막을 내린 듯하다. 상대방의 관심을 끌거나 협상에서 유리한 고지를 점하기 위해서가 아니라 상대방을 악마화하고 절멸의 두려움을 안기기 위해 '말폭탄'과 무력시위를 주고받고 있기 때문이다. 이렇듯 핵시대 이후 한반도의 위기는 그 '끝을 알 수 없다'는 데 문제의 심각성이 있다.

'갈등의 중재자'마저 마땅치 않다. 일촉즉발의 위기로 치닫던 1994년 1차 북핵 위기에서는 지미 카터 전 미국 대통령이 중재자로 나섰다. 김정일 정권과 아들 부시 행정부가 서로 으르렁댄 2000년대 초반에는 한국의 김대중·노무현 정부와 중국 정부가 위기관리와 중재에 힘썼다. 2010년 11월 북한의 연평도 포격으로 촉발된 남북한의 전쟁 위기 국면에선 미국이 한국을, 중국이 북한을 자제시키는 역할을 했다. 2017년 하반기부터 2018년 초까지 있었던 김정은과 트럼프의 벼랑 끝 대결 국면에서는 문재인 정부가 갈등 중재와 대화 촉진자로 나섰다.

또 있다. 북한에 대표부를 둔 스웨덴은 2000년대 초반 그리고 2017년에 북미관계가 험악해졌을 때, 물밑에서 대화를 중재한 바 있다. 2002년과 2004년에 김정일을 두 차례 만난 고이즈미 준이치로 일본 총리는 아들 부시 미 대통령에게 북미

관계 개선을 설득하기도 했다. 심지어 오늘날 '전쟁광'으로 지탄받고 있는 러시아의 블라디미르 푸틴도 2000년 북미 미사일 협상의 대안을 제시하면서 협상에 활력을 불어넣으려고 했었다. 중국은 2003년부터 2008년까지 6자회담 의장국으로 북미 갈등을 중재하면서 합의의 기초를 만들려고 노력했다. 그 이후에는 북한의 핵과 미사일 시험 중단과 한미연합훈련 중단을 의미하는 '쌍중단', 비핵화 평화체제 협상을 동시에 하자는 '쌍궤병행'을 제안하면서 한반도 문제의 평화적 해결에 힘을 보탰다. 한국과 각국의 시민사회 역시 갈등 해결과 대화 중재에 나서며 성과를 보이기도 했었다.

오늘날 이런 양상은 크게 바뀌었다. 무엇보다 북한이 대화와 관계 회복에 흥미를 잃은 상황에서 한미를 상대로 대화에 나서라는 조언 자체가 먹히질 않는다. 그렇다고 김정은의 회담 상대였던 문재인과 트럼프에게 모종의 역할을 기대하기도 어렵다. 김정은이 두 전직 대통령에게 큰 실망을 안고 있을 뿐 아니라 한미 정계의 극심한 양극화 구도에서는 여야를 넘나드는 연대가 성사되기 힘들기 때문이다. 여기에 한미일과 북중러도 짝을 지어 상대를 향해 삿대질하기에 바쁘다. 특히 미중 전략 경쟁과 러시아-우크라이나 전쟁이 격화되면서 이들 나라에서도 한반도 문제가 관심 밖으로 밀려나고 있다. 미국은 북핵 해결을 사실상 포기했다고 해도 과언이 아니고, 중러는 북핵을 사실상 묵인하고 있다. 남남갈등-남북갈등-국제갈등이 중첩되면서 한반도 정세의 돌파구가 점점 좁아지는 형국이다.

한반도 위기가 남북관계 중심으로 전개되는 것도 눈에 띄는 현상이다. 과거 한반도에서의 전쟁 위기는 주로 북미관계에서 비롯되었다. 미국의 북폭론과 북한의 전쟁 불사론이 맞선 1994년 상반기, 아들 부시 행정부의 대북 강경책과 김정일 정권의 핵개발 재개가 충돌한 2003년, 2017년 초 김정은-트럼프의 드잡이가 대표적이다. 하지만 2020년부터 갈등의 진앙은 남북관계로 바뀌었다. 그해 6월 북한이 대북 전단 살포를 빌미로 개성공동연락사무소를 폭파한 것은 남북관계의 파국을 상징한다. 2022년 5월 윤석열 정부가 들어선 이후 남북관계는 시계 제로에서 한 발도 내딛지 못하고 있다.

한미일 대 북중러의 대결이 진짜 온다

11

오늘날 동북아시아의
한미일 대 북중러 대결 구도는
미국이 잉태하고
남북이 키운 것이다

냉전 시대부터 한반도 문제를 바라보는 익숙한 문법이 있다. '한미일 남방3각 동맹 대 북중러 북방3각 동맹'의 대결 구도로 바라보는 시선이다. 이러한 이분법적 이해는 오랫동안 '흥미로운 허상'이었다. 한국전쟁 이후 70년간 한반도에서 이 같은 대결 구도가 실재한 적이 없기 때문이다. 그런데 2020년대 들어 한미일 대 북중러의 대결 가능성이 진지하게 형성되고 있다.

이 문제에서 허상과 실재를 구분하고 직시하는 것은 매우 중요하다. 한미일과 북중러가 오래전부터 대립해왔다는 관성적 인식은 관찰자의 시선을 흐린다. 자연스럽게 위험을 느끼지도 대안을 만들어내지도 못한다. 관성의 탈피와 변화하는 현실에 대한 직시가 절실하다. 한반도 문제는 그렇게 봐야 한다.

각자도생과 이합집산

냉전 시대의 다자간 동맹인 북대서양 조약기구(나토)와 바르샤바 조약기구가 맞서며 진영 간 대립이 뚜렷했던 유럽과 달리 동북아시아의 동맹 구조는 양자 중심이었다. 한국전쟁을 거치면서 미국은 일본·한국과 차례로 상호방위조약을 체결했다. 하지만 한일은 수교를 맺지 않고 있었다. 북한도 1960년대에 접어들면서 소련·중국과 상호원조 조약을 체결했지만, 3자 간 공식 동맹은 없었다. 오히려 1950년대 후반부터 중소분쟁 등 북중소 3자 관계에 균열이 발생하기 시작했다.

한미일 3각동맹이 부상한 것은 1960년대 들어서다. 소련의 팽창과 중국의 핵개발, 그리고 미국의 베트남전쟁 개입이 초읽기에 들어가면서 미국은 한일관계 정상화를 강력히 요구했다. 미국 주도의 한미일 협력 구도를 만들어 공산 진영과 맞선다는 복안으로, 1965년 한일협정이 그 산물이다.

그런데 '국제정치에는 영원한 적도 우방도 없다'는 말을 실감케 하는 일이 벌어졌다. 1970년대 들어 베트남전쟁에서 패색이 짙어진 미국이 중국과 소련을 상대로 동시에 데탕트에 나선 것이다. 이를 간파한 일본은 미국보다 앞선 1972년에 중국과 수교했다. 미국 역시 1979년에 대만과 단교하고 중국과 관계를 정상화했다. 일시적 이벤트였지만 남북한도 특사 교환과 회담을 통해 1972년 7·4 남북공동성명을 채택했다. 북중소 관계에도 지각변동이 일어난다. 1960년대와 1970년대 중소 관계는 최악의 시간을 보냈다. 1950년에 체결한 중소조약은 유명무실해지더니 1980년에는 아예효력이 정지됐다. 이런 중소 갈등 국면에서 북한은 등거리 외교를 통해 실리를 극대화하려고 했다.

이처럼 한미일 남방3각 동맹과 북중소 북방3각 동맹은 애초부터 존재하지 않았다. 오히려 1970년대 초반에서 1990년대 초반까지는 소련을 '공동의 적'으로 삼은 미중일의 전략적 제휴가 이뤄졌다. 1990년대 이후엔 남북한의 엇갈림도 확연해졌다. 한국은 소련·중국과 차례로 국교를 맺으며 북방외교 시대를 열었다. 반면 북한은 미국·일본과의 수교에 실패하면서 남방외교의 좌절을 경험했다. 미국은 유일 패권국이 되었고 소련을 승계한 러시아는 '제 코가 석 자' 신세였다. 개혁개방에 나선 중국은 한미일과의 교역을 크게 늘리면서 경제성장을 구가했고 국제사회에서 외톨이가 된 북한은 '고난의 행군'

에 돌입했다.

1998-2018
MD가 잉태한 한미일 대 북중러

한미일 3각동맹에 대한 미국의 미련이 되살아난 시점은 1990
년대 말이었다. 미국은 '북핵 위협론'을 빌미로 미사일방어체
제MD를 패권전략의 핵심으로 삼으면서 효과적인 MD를 위
해서는 한국과 일본의 참여를 요구했다. 당시 한국과 일본의
선택은 엇갈렸다. 일본 정부는 MD에 참여하기로 했지만 김
대중 정부는 불참을 선언한 것이다. 이뿐만이 아니었다. 김대
중 정부는 한일관계 개선을 추구하면서도 일본의 군사대국화
움직임에는 강하게 제동을 걸었다. 무엇보다도 김대중 정부
는 한미일 군사협력의 대안으로 외교협력을 강조했다. 포용정
책에 기반을 둔 한미일의 대북정책을 고안했고, 중국 및 러시
아도 참여하는 동북아 평화체제의 필요성을 역설했다. 노무현
정부의 대외정책도 이와 흡사했다.

　　MD를 기반으로 삼아 한미일의 군사적 결속을 도모하려고
했던 미국의 의도는 쉽사리 관철되지 않았지만, 예견된 부작

용은 일찍부터 나타났다. 미국 주도의 MD는 북한을 명시적 적으로, 중국과 러시아를 잠재적 적으로 삼았다. 요컨대 애초부터 한미일 대 북중러의 갈등 구조를 잉태한 전략인 셈이다. 미국이 한일은 포섭 대상으로, 북중러는 위협으로 삼으면서 양진영 간 갈등이 차곡차곡 쌓이기 시작한다.

이때 동북아시아 질서의 강력한 변수로 등장한 것이 북한이다. 미국의 '적대시 정책'에 맞서 2003년부터 핵무기 개발을 본격화한 것이다. 북한의 핵무장은 한미일은 물론이고 중러도 바라는 바는 아니었다. 그래서 만들어진 협상 테이블이 6자회담(2003-2008)이다. 미국 주도의 MD가 한미일 대 북중러의 대결을 잉태했다면, 북핵은 사상 처음으로 동북아 주요국이 모두 참여하는 다자회담을 낳았다.

6자회담은 동북아 상공에 출몰한 신냉전의 유령을 쫓아낼 것으로 기대되었다. 한반도 문제 해결뿐만 아니라 동북아 평화안보체제를 추구했기에 더욱 그랬다. 하지만 2008년 청와대의 새로운 주인이 된 이명박 정부는 다른 꿈을 꾸고 있었다. 그해 8월 김정일이 뇌질환으로 쓰러지자 북한의 붕괴와 흡수통일 실현이 눈앞에 잡히는 듯했다. 이명박 정부는 기다리기로 했다. 이러한 이명박의 '통일몽'은 2008년 12월 6자회담 결렬로 이어졌다. 곧 망할 북한과의 협상을 부질없는 짓으로 간주한 것이다.

2009년 1월 백악관의 새로운 주인이 된 버락 오바마 행정부는 어땠을까? 당시 미국은 아들 부시 행정부가 시작한 아프가니스탄·이라크 전쟁의 수렁에서 허덕이고 있었다. 2008년부터는 금융위기가 미국과 서방세계의 경제질서를 강타했다. 반면 중국은 빠르게 부상하고 있었다. 오바마 행정부의 선택은 6자회담 재개가 아닌 한미일 군사협력이었다. 6자회담은 의장국인 중국의 위상에 이로운 일이고, 부상하는 중국을 견제하기 위해서는 한미일의 결속이 필요하다는 주장이 힘을 얻은 것이다.

남북한의 엇갈림도 대세를 추동했다. 이명박 정부 안팎의 인사를 두루 만난 주한미국 대사관은 '이명박 대통령은 뼛속까지 친미·친일'이라는 취지의 외교전문을 본국에 보내고 있었다. 2007년 이후 남북·북미·6자회담이 선순환을 그리면서 잠잠하던 북한의 핵과 미사일 활동도 2009년부터 재개되기 시작했다. 4월 장거리 로켓 발사에 이어 5월에는 핵실험마저 강행한 것이다. 당연히 오바마 행정부는 규탄과 제재에 들어갔다. 하지만 이게 다는 아니었다. 7월에 일본 도쿄에서 열린 한미일 국방회담에서 에드워드 라이스 주일미군 사령관은 북한의 로켓 발사 및 핵실험을 두고 "3자 협력을 제고할 수 있는 좋은 기회"라고 밝혔다. 당시 국무장관 힐러리 클린턴은 4년 후 골드만삭스 임원들을 상대로 한 비공개 강연에서 "북한이 주기적으로 문제를 일으키고 있지만, 이는 굳이 나쁘게 볼 필요가 없으며 오히려 미국 입장에서는 반길 만하다"라며 미국의 본심을 드러냈다.

미국 입장에서 '좋은 기회'이자 '반길 만한 일'은 북한의 위협을 구실로 한미일 군사동맹을 추진하는 것이다. 오바마 행정부의 대북 무시 정책인 '전략적 인내'와 대중 견제 정책인 '아시아 재균형 전략'은 이렇게 만나고 있었다. 그런데 다 되어 가던 밥에 재가 떨어진다. 2009년부터 한미일은 한일 군사정보보호협정(지소미아)을 밀실에서 추진해왔는데, 2012년 6월 이 사실이 폭로된 것이다. 가뜩이나 친일 딱지가 붙어 있던 이명박은 한국 대통령으로서는 처음으로 독도를 방문해 일왕의 사죄를 요구하는 퍼포먼스를 펼쳤다. 일본 정부는 거꾸로 이명박의 사죄를 요구했다. 온탕에서 냉탕으로 바뀐 한일관계는 박근혜-아베 시기에도 좀처럼 회복되지 못했다. 이를 내버려둘 미국이 아니다. 2015년 한일 정부를 압박해 위안부문제 합의를 이끌어냈고, 한미일 군사정보보호 약정과 지소미아, 그리고 사드 배치 결정도 차례로 달성했다. 이제 한미일 결속은 거스를 수 없는 대세가 되는 듯했다.

그런데 미국에서 반전이 일어났다. 미국 주류가 신봉해온 자유주의적 국제주의에 맹폭을 가하며 '미국 우선주의' 깃발을 든 도널드 트럼프가 2016년 대선에서 힐러리 클린턴을 꺾고 대통령이 된 것이다. 비즈니스맨을 자처한 트럼프는 동맹을 '돈벌이'의 수단으로 보았다. 동맹 강화는 고사하고 돈을 내지 않으면 주한미군과 주일미군 철수도 불사할 것처럼 말했다. 또 미국과 '맞짱'을 결심한 김정은에게 거친 '말폭탄'을 쏟아냈다. 나중의 일이지만 건곤일척을 벌이던 두 지도자의 머릿속에는 '만나볼까'라는 생각도 존재하고 있었다. 한국에서도 반전이 일어났다. 국정농단에 분개한 시민들의 촛불혁명에 힘입어 박근혜 정권이 탄핵되고 '평화 대통령'을 자임한 문재인 정부가 출범한 것이다.

2018년부터 남북미 정상이 주도하는 한반도 평화 프로세스가 시작되자 동북아 국제정치도 요동쳤다. 일본은 저만치 소외되는 듯했다. '일본 패싱'이라는 말이 돌 정도였다. 반면 소원해졌던 북중·북러 관계는 빠르게 회복되었다.[*] 집권 이후

한 번도 북중·북러 정상회담을 갖지 못한 김정은은 이 시기에 시진핑 주석과 블라디미르 푸틴 대통령을 연이어 만난다. 이들 세 나라는 단계적 해법, 북한의 긍정적인 조치에 걸맞은 대북 제재 해결, 북한의 '합리적인 안보 우려 해결' 등에 대해 한 목소리를 냈다. 하지만 이 시기의 북중러의 관계 회복과 결속은 한미일에 대항하고자 하는 성격은 아니었다.

남북이 현실화한
한미일 대 북중러

이러한 구조적 맥락에서 2019년 2월 2차 북미정상회담이 '노딜'로 끝난 것과 6월 남북미 정상들의 '판문점 번개팅'이 안 하니만 못한 결과를 낳은 것은 동북아의 전환기적 사건이다.

　그 전환의 시작은 북한이다. 1990년대 초반 이래 한반도 문제의 다양성의 핵심에는 북핵문제와 한미일 사이의 상호작용

---

*　당시 중러는 2000년대부터 미국의 MD에 맞서 관계회복에 나섰고, 나토의 동진과 미국의 아시아 재균형 전략이 맞물리자 반미 연대 수준을 높이고 있었다. 하지만 북핵문제와 대북 제재를 둘러싸고 북중·북러 관계는 골이 깊어진 상황이었다.

이 있었다. 북한의 핵개발은 한미일의 군사협력 강화의 원인이면서도 북핵 해결을 위한 대화와 협상이라는 외교적 과제이기도 했다. 북한 역시 때로는 벼랑 끝 전술로, 때로는 대화와 협상으로 한미일과의 관계를 풀겠다는 뚜렷한 목표를 갖고 있었다. 한미일 대 북중러 구도가 쉽사리 부상하지 않은 까닭도 바로 여기에 있다.

그러던 북한이 2019년 말부터 대화의 문을 닫아걸었다. 안보는 핵으로, 경제는 자력갱생으로, 외교는 중국과 러시아 중심으로 성과를 얻겠다는 태도로 돌아선 것이다. 김정은의 이런 결심과 선택은 상상에서나 존재하던 '한미일 대 북중러'의 갈등 구도를 현실로 불러내기 시작한다.

북한을 대하는 중국과 러시아의 태도도 달라졌다. 두 나라는 2017년까지만 해도 북한이 핵실험을 하거나 탄도미사일을 시험발사하면 대북 규탄과 제재에 동참했다. 그러나 2020년 이후엔 북한의 유엔 안보리 결의 위반이 급증하는데도 추가 제재 불가를 외치고 있다. 왜 그럴까? 전통적으로 북핵문제는 미중러를 비롯한 국제사회의 협력적 의제였다. 이견이 있을지언정 비확산이라는 국제규범의 규정력은 확실하게 작용했다. 하지만 신냉전의 기운이 확연해지면서 우선순위가 바뀌었다. 비확산보다 세력균형이 훨씬 중요해진 것이다. 이는 중러가 공식적으로 북한을 핵보유국으로 공인할 수는 없어도 세력균형의 관점에서 북핵을 묵인할 가능성이 크다는 것을 의미한다. 중러로서는 미국과의 경쟁이 치열해지고 미국이 동맹을 규합하자 북핵의 전략적 가치를 재평가하는 것이다. 미국이 중동의 세력균형을 위해 이스라엘의 핵무장을, 중국 견제를 위해 인도의 핵무장을 묵인한 것처럼 말이다.

여기에 러시아의 우크라이나 침공과 전쟁의 장기화, 미중 전략경쟁의 격화, '동아시아의 화약고' 대만 해협의 불안정, 미국 주도의 북대서양-태평양 동맹 네트워크 등장 움직임, 일본의 대규모 군비증강 등이 맞물리고 있다. 이런 난세에 출범한 윤석열 정부는 한미일 동맹에 올인하면서 국제정치에서도 '편 가르기'로 일관하고 있다. 달라진 북한과 강경한 남한의 출현이 한미일 대 북중러의 대결구도를 현실화·고착화하고 있는 셈이다.

새로운 대결구도에서 눈에 띄는 현상은 진영 내부의 '동조화'다. 최근 북중러가 이구동성으로 말하는 것이 '국제질서의 다극화'다. 다극화는 미국의 MD에 대응해 중러가 2000년대 초반부터 주창해온 것이다. 북한은 달랐다. 북한의 최대 목표는 단극체제의 패권국인 미국과의 관계정상화였기 때문이다. 하지만 그 미련을 접은 뒤로는 '다극화'를 강조하고 있다. 2021 년 9월 김정은의 입에서 이 표현이 처음으로 등장했다. 북미관 계 정상화 실패, 미국의 상대적 쇠퇴와 중국의 부상, 미국과 러 시아의 대결 등이 맞물리면서 북한 또한 다극화된 세계 질서 에서 생존과 번영을 도모하는 편이 낫다고 보는 것이다.

한미일 사이에서도 동조화가 관측된다. 이들은 북중러를 대표적인 독재·권위주의 국가로 묘사하면서 '가치 연대'를 강 조하고 있다. 이 와중에 대북 위협 인식의 '동조화'가 강해진 다. 북한의 핵 능력이 남한→일본→미국 본토로까지 확대되 자 북핵 위협에 맞서 한미일이 군사적으로 강하게 결속하는 것이다. 2022년 11월 캄보디아 프놈펜에서 열린 한미일 정상 회담에서 채택된 공동성명은 이를 잘 보여준다. 성명은 "북한 이 한반도 그리고 그 너머에서" 위협이 되고 있다며, "북한 미 사일 경보 정보를 실시간으로 공유하고자 한다"라고 밝힌다. 이는 한미일이 MD 협력을 획기적으로 강화하겠다는 다짐으 로 실제로도 속도를 올리고 있다.

이러한 지정학적 갈등과 대결도 문제지만, 한국 경제가 처 한 사면초가는 새롭고도 위험한 상황이다. 한반도 남쪽은 냉전 시대 최전방 반공 기지로서 미국과 일본이 한국의 경제발전을 도운 지정학적 동기다. 하지만 오늘날의 상황은 판이하다. 미국은 철저하게 자국중심주의적 행태를 보인다. 일본은 잃어버린 30년을 딛고 반도체와 전기차에 집중적으로 투자하면서 한국의 강력한 경쟁자로 떠올랐다. 한국의 최대 무역 흑자국이던 중국은 어느덧 최대 적자국으로 탈바꿈했다. 끝이 아니다. 한국 경제의 '블루오션'으로 불리던 남북경제협력과 북방 경제 비전도 신기루처럼 사라졌다.

짚어봐야 할 문제는 또 있다. 한미일 대 북중러의 대결 구도가 한반도 차원에선 고착화되고 있는 반면에, 다른 양자 관계에선 가변성이 크다는 점이 바로 그것이다. 오늘날 한국의 대북·대중·대러 관계는 1990년대 이래 최악이다. 북한의 대남·대미·대일 관계 역시 마찬가지이다. 반면 동아시아는 물론이고 세계정세의 최상위 구도인 미중관계는 여전히 가변적이다. 양국이 사활을 건 경쟁을 벌이면서도 '신냉전을 원하지 않는다'는 인식을 공유한 채 대화와 협력을 모색하고 있다. 중일관계 역시 마찬가지이다. 냉전적 사고에 갇힌 윤석열 정부와 김정은 정권의 시야가 조금이나마 트이길 바란다.

다시

친해질 수 없다면

12

9·19 남북군사합의는 다시 친해지기
힘든 남북이 치고받고 싸우지는 않도록
해줄 안전장치다. 2018년 12월
이 합의에 따라 비무장지대
감시초소에서 시범 철수 후 상호검증을
위해 만난 남측 육군 대령과 북측 육군
상좌가 악수하고 있다.

북한이 크게 달라졌다는 진단이 적실하다면, 기존 대북정책은 실효성이 없거나 크게 떨어질 것이다. 안타깝게도 새로운 대북정책은 밑그림조차 나오지 않고 있다. 윤석열 정부는 '북한 악마화'와 한미동맹 및 한미일 군사공조 강화에 여념이 없다. 이 과정에서 대북 정보가 정치적으로 오염되고 있다는 느낌도 지울 수 없다. 김정은 정권 역시 남북관계에 아예 관심을 꺼놓고는 핵무기에 기댄 '전쟁 억제력 강화'만 외치고 있다. 서로를 향해 삿대질하며 근육 자랑에만 바쁜 모습들이다.

관계가 사라진 자리에

남북관계는 '관계'라는 말이 무색할 정도다. 관계 자체가 사라지고 있다. 남북 대화와 북미 대화가 끊긴 지 이미 오래고, 언제 재개될지도 미지수다. 남북한의 경제협력과 인적·물적 교류 역시 마찬가지다. 2021년에는 1989년에 통계가 작성된 이래 처음으로 남북 간 왕래 인원이 0명이었고, 이러한 상황은 2023년 7월까지도 이어지고 있다. 차량 왕래 역시 2021년부터 단 한 대도 없었고, 선박·항공기·철도 왕래는 2019년부터 제로다.[31] 이산가족 생존자가 크게 줄어들면서 남북한의 정서적 유대도 희미해지고 있다. 이산가족 문제는 남북관계의 끈을 놓아서는 안 된다는 도덕적·인도적 호소력을 갖춘 이슈인데, 이마저도 세월에 바스러지고 있다.

쓸쓸한 장면은 또 있다. 2023년 정전 70년을 맞이해 국내외 시민사회와 종교계를 중심으로 정전협정을 평화협정으로 전환하기 위한 움직임이 일었지만 정작 남북한 당국은 무관심하다. 윤석열 정부는 마찬가지로 70주년을 맞이한 한미동맹을 기념하고 강화하는 데만 몰두할 뿐, 이 문제엔 도통 관심이 없다. 2023년 6월 발간한 《국가안보전략서》에 종전선언이나 평화협정이 아예 언급조차 되지 않은 것은 이러한 기류를 잘 보여준다. 대신 통일 준비에 방점을 찍은 것이 눈에 띈다.

북한은 어떨까? 정전협정을 평화협정으로 전환해 평화체제를 구축해야 한다는 것은 북한의 오랜 주장이자 요구였다. 하지만 2020년 이후 북한에서도 이런 요구가 쑥 들어갔다. 정전 70주년으로 '꺾어지는 해'* 인 2023년에는 이런 주장이 나올 법도 한데 전혀 기미가 없다. 평화체제 구축에 관심을 껐다고 해도 과언이 아닌 셈이다.

이렇게 달라진 현실 속에서 남북관계를 어떻게 다시 설계해야 할까? 관계가 사라진 자리에 상호 간 적대감과 무력시위가 가득 들어찬 현실에서 답을 찾을 수 있다. 당분간 다시 친해질 수 없다면 싸우지나 말자는 것이다. 이는 남북관계를 회복하는 데 상당한 시간이 요구된다면, 혹은 남북관계 회복이 앞으로도 오랫동안 불가능해지더라도 전쟁 방지를 최우선 과제로 삼아야 한다는 말이다.

전쟁은 여러 가지 역설을 품고 있다. 우선 전쟁은 가능성 자

---

* 　 10주년 15주년처럼 5나 0으로 끝나서 특정 사건을 기념하기 좋은 연도를 가리키는 말, 북한에서는 정주년이라고도 한다.

체는 매우 낮지만, 일단 전쟁이 터지면 돌이킬 수 없는 피해가 발생한다. 전자의 가능성에 안심하면 나태해지고, 후자의 위험성에 주목해 전쟁 준비에만 매달리면 오히려 전쟁 가능성을 키운다. 또 전쟁은 비관주의와 낙관주의의 기묘한 결합이다. 전쟁에서 비관주의는 나에게 위협을 가하거나 가할 것으로 예상되는 상대방을 지금 손보지 않으면 더 큰 화를 부를 수 있다는 생각, 작은 충돌에서도 제대로 손봐주지 않으면 상대방이 더 대담해질 수 있다는 생각으로 무력 공격이나 과잉 대응을 선택하려는 심리적 현상을 일컫는다. 반면 낙관주의는 전쟁을 통해 전쟁 이전보다 더 나은 상태를 달성할 수 있다는 주관적 확신을 일컫는다. 하지만 우리는 '이럴 줄 알았으면 전쟁을 하지 말걸'이라는 후회를 숱하게 들어왔다.

그런데 이러한 역설이 한반도를 휘감고 있다. 많은 사람은 극심해지는 군비경쟁과 무력시위 공방을 보며 '이러다가 전쟁이 나지 않을까?' 노심초사하는데, 남북미 당국은 힘만이 살길이라며 군사력과 결전 의지를 과시하고 있다. 남북미 정부는 너나 할 것 없이 비현실적인 가정과 극단적인 피해망상을 버무려 군사 행동을 합리화하는데, 그럴수록 전쟁을 걱정하는 사람은 늘어나고 있다. 한미동맹과 북한은 자신들의 군사력이 역대 최강이라고 자랑하면서도 안보 환경은 최악이라고 이구동성으로 말하고 있다. 그러니 남북미 각 정부에 묻지 않을 수 없다.

상대방을 악마화하고 군사력을 과시하는 것으로 과연 평화를 지킬 수 있는가? 혹시 전쟁을 막으려는 언행이 전쟁 위험을 키우고 있는 것은 아닌가? 한미가 '정상화'라는 명분으로 강화하고 있는 연합훈련과 군비증강은 한반도의 안보를 '안정화'하고 있는가? 상대방의 공격 징후가 포착되면 선제공격에 나설 수 있다고 하는데, 인간의 오판이나 기계의 오작동 가능성은 생각해봤는가? 북한은 한미의 비핵공격 시에도 전술핵을 쓸 수 있다고 하는데, 이게 어떤 결과를 초래할 것인지는 알고 있는가? 한미는 북한이 전술핵을 써도 김정은 정권을 끝장낼 수 있는 '압도적 대응'에 나서겠다고 하는데, 이 과정에서 겪게 될 한반도 주민의 피해는 생각해봤는가? 전쟁 발발 시 무고한 사람들이 입을 가공할 피해는 누가, 어떻게 책임지고 보상해주는가? 남북미는 이 위기를 안정적으로 관리할 의지와 능력을 갖추고 있는가?

가드레일과 대화의 재구성

싸우지 않는 남북관계엔 어떤 노력이 필요할까? 미중관계에 힌트가 있다. 두 나라는 치열한 전략경쟁을 벌이며 험한 소리도 주고받지만, 경쟁과 갈등이 무력충돌로 번지지 않도록 가드레일(안전장치)이 필요하다는 데는 공감을 이루고 있다. 이들 나라는 동아시아의 약한 고리로 불리는 한반도-동중국해-대만해협-남중국해 등에서 치열한 다툼을 벌이면서도 무력충돌이 가져올 재앙을 의식하면서 대화에 임하고 있다. 2023년 6월 5년 만에 이뤄진 미 국무장관의 방중이 그런 노력의 일환이다. 토니 블링컨 장관은 친강 외교부장, 왕이 공산당 중앙정치국 위원, 시진핑 주석 등과 잇달아 만나 충돌 방지를 위해 양국 관계 '안정화'에 합의했다.

사실 남북한에도 거대한 가드레일이 있다. 군사분계선을 기준으로 남북 양쪽 155마일에 걸쳐 2km씩 설정된 비무장지대DMZ가 그것이다. DMZ는 명칭에서도 알 수 있듯이 남북 접경지역을 완충지대로 만들어 무력충돌을 예방하자는 취지를 담고 있다. 하지만 비무장지대는 시간이 지나면서 중무장지대로 바뀌었고 수차례 충돌도 발생했다. 이러한 문제점을 해결해 비무장지대의 취지를 살리는 동시에 이를 인근 지역으로까지 확대하자는 복안을 담은 것이 바로 9·19 남북군사합의다.

산불에 비유해보자. 고온건조한 지역에선 작은 불씨로도 산불이 쉽게 발생하고 한번 붙은 불은 걷잡을 수 없고 진화에도 큰 어려움을 겪는다는 것을 우리는 지구촌 곳곳에서 목격하고 있다. '기후변화'의 영향 때문이다. 마찬가지로 '남북관계의 변화'에 따라 관계는 갈수록 무미건조해지고 정치·군사적 적대감과 군비경쟁은 뜨거워지고 있다. 이는 작은 충돌이 발생할 위험과 그것이 큰 전쟁으로 번질 위험이 나란히 커지고 있음을 의미한다. 남북관계에서 그 작은 불씨, 작은 충돌을 방지하는 것이 바로 9·19 남북군사합의다. 윤석열 정부는 이 합의에서만큼은 ABM('무엇이든 문재인의 반대로만')을 멈춰야 한다. 정파적 시각을 걷어내고 남북한 모두가 이 합의를 지켜나가는 데 전력을 기울여야 한다.

남북관계의 변화가 보다 근본적인 차원에서 일어나고 있다는 점에서 전쟁 위기 예방 및 위기관리에 나설 필요성도 크다. 앞서 언급한 것처럼, 남북관계는 대화 제로, 인적·물적 교류와 왕래 제로 시대에 접어든 상황이다. 그 자리를 대신하고 있는

건 '억제 일변도의 관계'다. 상호 억제는 과거에도 존재했지만, 그때는 대화·교류왕래·남북경협 등과 함께였다. 하지만 2020년 이후, 특히 윤석열 정부 출범 이후에는 억제의 깃발만 나부끼고 있다. 이는 북미관계 역시 마찬가지이다. 아무리 억제 추구가 불가피하고 대세가 되더라도, '억제 관계의 안정성'을 기하려는 노력 역시 필요하다. 안정성이 결여된 억제 관계는 언제든 무력충돌의 위험을 높이는 결과를 초래할 수 있기 때문이다.

이와 관련해 나는 '한반도형 3C'를 제안하고자 한다. 앞서 소개했듯 억제의 세 가지 요소는 능력Capability, 신뢰Credibility, 전달·소통Communication이다. 적대적 억제 관계는 상대방보다 군사적 능력의 우위에 서고자 하는 군비경쟁, 나를 건들면 보복당한다는 확신을 심어주는 군사 전략과 준비태세, 그리고 이러한 능력과 의도를 상대방에게 전달하는 양상을 띠곤 한다. 모두 나의 안보를 위한 행위이지만, 상대의 반작용을 일으켜 오히려 나의 안보를 위태롭게 만드는 '안보 딜레마'를 만들어내기도 한다.

새로운 관점의 '한반도형 3C'는 억제의 필요성과 현존성을 인식하면서도 적대적인 불안정을 줄이고 평화적으로 공존하는 안정성을 기해야 한다는 공감대에서 비롯한다. 이를 위해서는 한미동맹과 북한이 군비경쟁보다는 군비통제를 통해 군사력 균형을 유지하려는 접근이 절실하다. 또 보복 위협이 빈말이 아님을 상대에게 각인시키는 적대적 신뢰보다는 서로가 선제공격하지 않고 우발적 충돌 발생 시 이를 평화적으로 해결하자는 우호적 신뢰를 구축하려고 노력해야 한다. 아울러 두려움 주기식의 전달을 지양하고 상호 만족할 수 있는 해법을 찾으려는 대화와 소통 방식을 마련해야 한다.

대화는 사라지고 억제만 난무하는 한반도에서 대화와 협상의 목표를 재구성하는 것도 중요하다. 최대주의적 접근이 아니라 최소주의적 접근이 필요하다는 것이다. 지금까지 남북대화를 포함한 각종 회담의 목표는 '최선의 시나리오'에 맞춰져 왔다. 한반도 평화체제와 비핵화 실현, 남북한의 경제공동체 건설과 유라시아의 대륙으로의 진출, 북미관계 정상화와 대북 제재 해결, 교류협력의 확대와 평화적 통일 실현 등이 바로 그것들이다. 이들 동기와 목표는 포기할 수 없지만, 우선은 대화와 협상의 목표를 '최악의 시나리오'를 방지하는 데 맞춰야 한다. 한반도 문제의 핵심 당사자인 남북미중 모두 전쟁을 원하지 않는다는 최소한의 공통분모는 이러한 대화의 재구성의 기초가 된다.

　오늘날 남북한 당국에서 유행하는 화법은 '전쟁을 원하지 않지만, 전쟁을 피하지도 않겠다'는 것으로 요약할 수 있다. 이를 '전쟁을 원하지 않으면, 전쟁을 예방하는 방법을 찾자'는 것으로 전환해야 한다. 또 한미는 북한에 '조건 없는 대화'를 말하면서도 여전히 '한반도의 완전한 비핵화를 위해'라는, 당장은 실현 불가능한 최대 목표를 단서로 달고 있다. 반면 대화의 문을 굳게 닫아건 북한은 대화 재개의 조건으로 '적대시 정책의 철회'를 요구하고 있다. 이제 한미동맹과 북한은 현실을 직시해야 한다. 한미가 비핵화를 강조할수록 비핵화는 더 멀어지고, 북한이 대화의 조건으로 적대시 정책 철회를 요구할수록 적대시 정책은 더욱 강화되는 현실 말이다. 이를 극복하기 위해서는 남북미가 '전쟁 방지와 긴장 완화'를 최우선적인 대화 의제로 삼을 필요가 있다. 멀고 험한 길을 가자면 발등에 떨어지는 불부터 꺼야 한다.

그래도 대안을 찾는다면: ■■■■

■■■■■■■ 사즉생의 해법은?

■■■■■■■■■■■ 13

한반도 비핵화의 비극은 30년간
이 협상에 뛰어든 각국 정상들이
비핵화에 대해 저마다 다르게 정의
내리고 있었다는 사실과도 무관하지
않다. 2019년 6월 30일 판문점에서 만난
남북미 정상들도 그랬다.

"오늘날, 지구상의 모든 거주자는 이 행성이 더 이상 살 수 없는 땅이 되는 날에 대해 심사숙고해야 합니다. 모든 남성과 여성, 그리고 어린이의 생명은 '다모클레스의 핵검核劍' 아래에 놓여 있습니다. 우연히든 오산이든, 아니면 광기에 의해서든 언제든 끊어질 수 있는 가장 가느다란 실에 매달린 채 말입니다. 그 무기가 우리를 절멸시키기 전에 우리가 그 무기를 없애야 합니다."

존 F. 케네디 미국 대통령이 1961년 9월 유엔총회 연설해서 한 말이다. '다모클레스의 칼'은 시칠리아 시라쿠사의 참주 디오니시오스 2세에서 유래된 표현이다. 디오니시오스 2세는 자신의 측근인 다모클레스를 연회에 초대하여 한 올의 말총에 매달린 칼 아래에 앉혔다. 참주의 자리가 얼마나 불안한 것인지 깨달으라는 의미다. 이 일화는 키케로가 인용하면서 유명해졌고, 케네디의 역사적 연설에 포함됨으로써 핵과 인류의 불안한 동거를 상징하는 말이 되었다.

앞서 12장에서 한 이야기를 이 일화에 빗대면 한반도의 운명이 갈수록 '다모클레스의 칼' 아래 놓인 신세를 닮고 있고, 따라서 칼을 매달고 있는 한 올의 말총이 끊어지지 않도록 말총을 두껍게 해야 한다는 것이다. 여기에는 두 가지 문제의식이 존재한다. 하나는 말총에 비유할 수 있는 '관계'는 나날이 가늘어지는데, 칼에 비유할 수 있는 군사적 적대감과 군비경쟁은 나날이 치열해진다는 '위기의식'이다. 또 하나는 케네디의 말처럼 "(핵)무기가 우리를 절멸시키기 전에 우리가 그 무기를 없애"는 것이 가장 바람직한 대안이지만, 지금으로선 거의 불가능한 목표라는 '현실인식'이다. 그럼에도 불구하고 나는 대안을 찾아야 하고, 또 찾을 수 있다고 믿는다.

비핵화를 살리려면 비핵화를 포기해야

2023년은 북한이 핵확산금지조약NPT 탈퇴를 선언해 '북핵문제'가 본격적으로 대두된 지 30년이 되는 해다. 그사이 한반도 비핵화를 위해 협상과 제재를 포함한 다양한 시도가 있었지만, 모두 실패했다. 이제는 누구라도 한반도 비핵화를 입에 올리면 '순진하다'는 핀잔을 들을 법한 상황이다. 그도 그럴 것이 북한은 핵무력을 '국체'로 삼아 고도화에 여념이 없고 한국·미국 등의 태도도 비핵화에서 확장억제로 이동하고 있다. 한반도 핵문제의 '상수'인 미국 핵전력도 한반도 안팎에서 그 몸집과 입김을 키우고 있다.

냉정하게 볼 때, 비핵화 실현은 불가능하다. 그래서 일각에선 미국의 핵무기를 한국에 재배치하거나 한국이 독자적 핵무장에 나서야 한다고 주장한다. 하지만 이러한 선택은 칼자루가 아니라 칼날을 손에 쥐는 결과가 될 수 있다. 자위적 조치가 아니라 자해적 조치가 될 공산이 크다는 뜻이다. 또 누군가는 비핵화 프레임을 깨야 한다고 주장한다. 되지도 않을 비핵화에 매달리지 말고 한반도 평화체제 구축과 남북 교류와 경협 활성화에 힘써야 한다는 뜻이다. 취지는 이해하지만 한반도 핵문제 해결을 포기하자는 말엔 동의할 수 없다. 핵문제 해결을 포기하면, 평화체제 구축과 남북관계 회복·발전도 불가능하기 때문이다.

그럼 대안은 무엇일까? 당장 답이 안 보일 땐 돌아보고 멀리 보고 깊게 보고 넓게 보는 법이다. '돌아보자'는 왜 한반도 비핵화가 번번이 실패했는지 냉정하고 차분하게 짚어보자는 것이다. '멀리 보자'는 단기간에 핵문제 해결이 불가능해진 만큼, 긴 호흡과 시야를 가지고 해법을 찾아보자는 말이다. '깊게 보자'는 한반도 핵문제의 뿌리를 제대로 보자는 것으로, 북핵문제'만' 봐서는 '다람쥐 쳇바퀴 도는 신세'를 벗어날 수 없다는 뜻이다. 마지막으로 '넓게 보자'는 왜 세계의 절반은 핵무기가 없는 지대가 되었는지 살펴보면서 한반도 핵문제 해법을 위한 교훈을 추출하자는 것이다.

이들 네 가지 시선을 관통하는 접근법이 바로 비핵무기지대(비핵지대)다. 나는 2020년에 쓴《한반도의 길, 왜 비핵지대인가?》에서 이에 대한 상세한 제안을 담은 바 있다. 요지는 비핵화를 살리려면 비핵화를 포기하고 비핵지대를 대안으로 삼자는 것이다. 아예 공식 용어를 '한반도 비핵화'에서 '한반도 비핵지대'로 바꾸면 더욱 좋다. 일종의 '사즉생死卽生'이다.

독자들은 당연히 의문이 들 것이다. 한반도 비핵화와 비핵지대가 어떤 차이가 있냐고 말이다. 놀랍게도 한반도 비핵화는 합의된 정의가 없다. 30년간의 비핵화 협상이 실패한 원인

가운데 하나가 바로 비핵화가 무엇인지에 대한 합의가 없었다는 것이다. 우선 북한이 말하는 '조선반도 비핵화'와 미국이 요구하는 '한반도 비핵화'가 달랐다. 북한은 자신의 핵무기 포기뿐만 아니라 미국 핵위협의 근본적인 해결까지 요구했고, 미국은 자신의 핵에는 손을 대지 않고 북핵만 폐기하려는 태도를 보였다. 한국의 경우에는 정권에 따라 달랐다. 문재인 정부는 '한반도 비핵화'를 공식적인 용어로 사용하면서 "핵무기와 핵위협이 없는 상태"로 정의한 반면, 윤석열 정부는 '북한의 비핵화'를 공식 용어로 사용하고 있다.

이에 견줘 비핵지대의 정의는 한결 명확하다. 유엔 군축위원회는 1999년에 비핵지대의 정의를 포함한 가이드라인을 제정했고, 그해 유엔총회는 이를 승인했다. 이 가이드라인과 1992년 한반도 비핵화 공동선언을 종합하면, 한반도 비핵지대는 이렇게 정의할 수 있다.

"남북한은 핵무기를 개발·생산·보유·실험·접수를 하지 않고, 1992년 한반도 비핵화 공동선언에 따라 우라늄 농축 및 재처리 시설을 보유하지 않는다. 또 핵보유국들은 남북한에 핵무기 사용 및 사용 위협을 가하지 않고 핵무기 및 그 투발수단을 배치하지 않는다는 것을 법적 구속력을 갖춘 형태로 보장한다."

그렇다면 이러한 새로운 접근을 달라진 북한이 수용할 수 있을까? 단기적으로는 불가능할 것이다. 그래서 앞서 주장한 것처럼, 전쟁 방지와 긴장 완화, 그리고 상호 간 위협 감소 조치들을 통해 그 여건을 하나둘씩 만들어가는 것이 중요하다. 또 북핵 해결을 위해서는 미국의 핵위협 해소 이외에도 대북 제재 해결, 평화체제, 북미수교, 한반도 군축 등도 요구된다. 이러한 과제들을 시야에 넣으면서 긴 안목을 가지고 비핵지대 방식을 추진하면 희망의 근거를 찾을 수 있다. 아울러 비핵지대 방식은 북핵 해결뿐만 아니라 미국 등 핵보유국의 핵위협 해결 방안도 담고 있고, 이미 비핵지대가 된 다른 지역의 사례도 참고할 수 있다.[32]

알고 보면 북한이야말로 1990년을 전후해 '조선반도 비핵지대'를 먼저 제안한 당사자다. 또 한반도 비핵지대에는 북한이 주장한 '조선반도 비핵화'와 유사한 내용도 있다. 그래서 친북적인 주장으로 들릴 수도 있다. 하지만 비핵지대는 친북적인 주장이 아니라 하나의 국제규범이자 거의 모든 이들이 불가능하다고 여기는 북핵 해결에 더 유리한 방법이다. 지금까지 비핵화를 향한 대북 압박은 경제제재와 무력시위에 치우쳤고, 대북 설득은 북한이 핵을 포기하면 이것저것 해주겠다는 식에 머물렀다. 반면 비핵지대는 북한이 과거에 제안했고, '조선반도 비핵화'와 친화성이 있으며, 한반도 핵문제의 공정한 해결을 포함하고 있다. '강압'에 의한, 그래서 실패를 되풀이해온 방식이 아니라 지금까지 시도되지 않은 '공감'을 통한 접근이라는 뜻이다.

동결과 융합의 하모니

전쟁 방지와 긴장 완화가 당면 과제이고 한반도 비핵지대 추진은 장기적인 과제라면, 군비경쟁 동결과 평화협정 협상 개시는 이 둘을 잇는 징검다리이자 과도기적 과제다. 군비경쟁 동결은 한미동맹과 북한이 상대에 대한 억제력은 유지하면서도 긴장을 낮추고 더 높은 목표를 위한 협상의 토대가 될 수 있다. 평화협정 협상 개시는 한반도 핵문제의 가장 큰 뿌리를 캐는 작업의 시작이다.

군비경쟁 동결은 상호주의 관점에서 접근해야 한다. 우선 북한의 동결 조치로는 ▲핵실험과 탄도미사일 발사 중지 ▲영변 핵시설의 완전하고도 검증 가능한 폐기 ▲풍계리 핵실험장

영구 폐쇄 ▲핵무기 추가 생산 중단 등을 검토할 수 있을 것이다. 이러한 조치는 북한 핵무기와 그 운반수단인 탄도미사일의 질적·양적 증강을 차단한다는 의미를 담는다.

다만 여기에서 북한의 위성발사 권리는 인정하는 방안도 검토할 필요가 있다. 유엔 안보리가 북한의 위성 발사도 금지한 데는 이것이 탄도미사일과 같다는 판단이 깔렸다. 하지만 이제 북한의 탄도미사일과 위성 발사체는 기술적으로도 분리되고 있다. 무엇보다도 모든 유엔 회원국들이 위성 발사 권리를 가진 상황에서 북한만 불허하는 것은 소탐대실이다. 위성 발사 금지보다 더 중요하고 큰 목표인 북핵 동결과 궁극적인 폐기 협상을 어렵게 만들기 때문이다.

이에 대한 한미동맹의 상응 조치로는 ▲전구급 한미연합훈련 및 미국의 전략자산 전개 유예 ▲차기 연도 한국 국방비의 전년도 이하로 책정 ▲북한의 민생·보건의료·기후변화 관련 제재의 유예와 완화 등을 검토해볼 수 있을 것이다. '차기 연도 한국 국방비의 전년도 이하로 책정'은 필요성과 현실성을 두루 고려해서 제안하는 것이다. 남북한의 비핵 군사력의 격차가 날로 벌어지는 상황에서 남한이 대규모의 군비증강을 계속하면 북한의 핵동결 조치를 이끌어내기가 매우 어렵다. 그렇다고 북한의 핵동결 조치에 상응하는 남한의 비핵 군사력의 감축 대상을 정하는 것도 쉬운 일이 아니다. 반면 한국의 국방비는 이미 상당한 수준에 올라 있어 이를 동결하거나 조금 줄여도 전력유지비와 방위력 개선비를 적정 수준으로 확보할 수 있다. 현존 군사력을 유지하고 일부 현대화하는 데는 문제가 없다는 뜻이다.

이러한 군비경쟁 동결 조치와 함께 반드시 필요한 것이 바로 평화협정 협상 개시다. 평화협정 협상은 정전협정에 담긴 내용이자, 불가침을 비롯한 상호 간 의무와 약속을 법적으로 제도화하는 과정이다. 평화협정 체결을 북한에 시혜를 베푸는 것이라는 일방주의적 시각을 거둬내고 호혜적인 관점에서 바라봐야 하는 까닭이다. 또 1993년 북한의 NPT 탈퇴 선언 이후 비핵화 협상은 여러 차례 있었지만, 정전협정을 평화협정으로 전환하기 위한 협상은 한 차례도 없었다. 한반도 평화를 구축하려면 비핵화와 평화체제라는 두 개의 수레바퀴가 같이 굴러가야 하는데, 비핵화 바퀴만 굴리다 보니 제자리를 맴도는 일이 반복된 것이다. 남북미중이 참여하는 평화협정 협상 개시는 이러한 한계를 극복하고 핵문제 협상에도 추동력을 불어넣을 수 있다.

내가 제안하는 대안의 백미는 비핵지대와 평화체제의 융합이다. '한반도 비핵지대와 평화체제 구축에 관한 협정'(이하 한반도 비핵평화협정)이 바로 그것이다. 이 제안의 취지는 비핵지대와 평화체제 구축을 하나의 협정으로 추진함으로써 이 두 가지 목표의 선후 관계와 우선순위를 둘러싼 논란에 종지부를 찍자는 데 있다. 이 방식에서는 정전협정을 평화협정으로 전환한다는 의미와 함께, 한반도 핵문제의 완전하고 궁극적인 해결 방안도 담을 수 있다.

지금까지 한 번도 가보지 않았지만, 가게 된다면 마주치게 될 최대 난관은 평화협정 체결의 조건과 시기가 될 것이다. 한미의 기존 입장을 고려하면, 한미는 그 조건과 시기로 '북한의 완전한 핵폐기가 완료될 때'를 제시할 것이다. 물론 북한은 이를 받아들이지 않을 것이다. 북핵 폐기 완료 이전에 가급적 빨리 평화협정을 체결해야 한다고 요구할 것이다.

냉정하게 보면, 북핵 폐기 완료와 평화협정 체결 사이에는 비대칭성이 존재한다. 핵폐기 완료는 물리적인 조치여서 되돌리기가 매우 힘들다. 반면 평화협정은 법적 구속력을 갖추더라도 선언적인 내용이나 앞으로 있을 물리적 조치에 대한 약속으로 구성될 수밖에 없다. 즉 평화협정을 체결하더라도 평화체제가 완전히 구축된다는 보장은 없다는 것이다. 국가 간 협정이나 조약이 무시되거나 파기되는 경우도 종종 있다는 점에서 괜한 우려가 아니다.

다만 한반도 비핵평화협정은 이러한 난관과 문제를 극복해낼 가능성을 품고 있다. 이 협정은 협정 체결 이전까지의 성과를 반영하고, 한국전쟁을 공식적으로 종결하면서 상호 불가침을 확약하며, 비핵지대와 평화체제의 완성을 위한 과제와 이행방안을 담게 될 것이기 때문이다. 물론 북핵 폐기가 완료되지 않은 상태에서 이러한 협정을 체결한다는 데 거부감이 들수 있다. 그럼에도 북핵 폐기가 일부 이뤄진 상태에서 완전한 폐기의 방식과 시한을 담는 협정을 추진하는 것이 지금까지의 협상 결과와 방치되는 미래보다는 비교할 수 없이 나은 선택이다. 북한이 흔쾌히 동의하지 않을 수도 있다. 하지만 이 방식이 핵을 국체로 삼는 것보다 생존과 번영을 도모하는 데 유리할 것이라는 점도 유념하길 바란다.

에필로그

북한의 독자를 위하여

북한에 있는 사람들, 특히 정책 결정에 관여하는 이들도 이 책을 접할까? 원고를 쓰면서 든 의문이자 바람이다. 그 희망을 담아 몇 가지만 이야기해보려고 한다. 먼저 2019년의 실패에 자신의 책임은 없는지 성찰해보길 바란다. 북한은 영변 핵시설을 완전히 폐기하고 '플러스알파'로 장거리 로켓 발사 중지를 문서 형태로 약속하겠다고 제안할 것을 '통 큰 결단'이라고 자평한 바 있다. 하지만 비핵화의 핵심이라고 할 수 있는 핵물질과 핵무기의 폐기, 그리고 이를 위한 핵 신고는 언제, 어떤 조건에서 할 수 있다는 제안은 내놓은 바 없다. 이는 한반도 현상 유지를 선호한 미국 주류의 셈법을 바꾸기에는 역부족이었다는 것을 의미한다.

발등의 불부터 끕시다

제일 하고 싶은 말은 일단 멈추고 생각해보라는 것이다. 북한 지도부는 핵무력 강화를 통해 "누구도 넘볼 수 없는 최강의 군사력을 갖추게 되었다"라고 자랑한다. 동시에 같은 입으로 "조선반도와 주변 정세가 매우 위태롭다"라고 우려한다. 이러한 북한의 모습을 보면, 냄비는 서서히 끓어오르는데 그 속에서 느긋하게 누워 있는 개구리가 떠오른다. 안보 정세를 불안하게 만드는 큰 원인이 북핵 고도화에 있는데, 정작 북한은 이를 외면하고 핵무력 강화와 자랑에만 빠져 있기 때문이다.

물론 북한만의 문제는 아니다. 본문에서 자세히 다룬 것처럼, 한국도, 동맹국인 미국도 마찬가지이다. 그래서 한반도가 전화戰火에 휩싸이지 않도록 군사적 긴장 완화를 도모해야 한다고 주장한 것이다. 전쟁을 막고자 하는 언행이 오히려 전쟁을 부추길 수 있다면서 말이다. 북한 지도부에도 똑같은 얘기를 하고 싶다. 군비경쟁과 군사적 긴장으로 달궈지고 있는 한반도의 열기를 식히기 위해서는 불부터 꺼야 한다. 북한이 먼저 불을 끄면 좋겠지만, 이게 어렵다면 같이 불을 끄기 위해 대화에라도 나서야 한다.

또 공부도 골고루 하길 바란다. 북한 지도부는 아마도 다른 핵보유국, 특히 미국의 사례를 열심히 연구해 이를 핵 정책에 반영하고 있을 것이다. 또 북한이 핵 사용조건을 구체적으로 열거하면서 이를 공개함으로써 '부디 이러한 조건이 만들어지지 않기를 바란다'는 메시지를 바깥에 전달했다. 하지만 핵시대의 평화는 여차하면 내가 먼저 핵을 쓸 수 있고 그 준비를 갖추는 것으로 지켜지지 않는다. 핵의 역사를 복기하면, 이러한 핵 독트린은 상대방의 공격을 억제하는 효과 못지않게 우발적 핵전쟁을 유발할 위험도 크다는 것을 알 수 있다. 하여 북한은 이러한 사례도 폭넓게 공부해야 한다. 이를 통해 핵 선제공격 전략과 경보 즉시 발사launch on warning 태세에 의존하기보다 이를 철회하는 것이 핵전쟁 예방에 더 효과적이라는 점을 깨닫길 바란다.

욕을 하더라도
전화를 듭시다

북한이 남북한 사이에 존재했던 최소한의 소통 채널마저 닫아버린 것도 매우 유감스럽고 위험한 일이다. 아마겟돈을 방불케 했던 냉전 시대 미국과 소련이 그나마 최악의 참사를 피할 수 있었던 데는 다양한 대화 채널이 있었다. 오늘날 세계패권을 놓고 쟁투를 벌이고 있는 미국과 중국 역시 대화와 소통을 통해 충돌을 방지하는 안정화 장치를 마련하고 있다. 바다 건너 멀리 있는 나라들도 이럴진대, 휴전선을 맞대고 있는 남북한이 아무런 소통 채널이 없다는 것이 말이 되는가? 북한은 하루빨리 통신을 복구하고 정책결정자 사이에도 핫라인을 구축해야 한다. 이는 한반도 위기 예방 및 위기관리를 염원하는 8000만 주민에 대한 최소한의 도리이다. 다른 건 몰라도 촌각을 다투고 있는 이산가족 문제만이라도 전향적 해결에 나서길 바란다.

남북한이 연루될 수 있는 전쟁 위험은 한반도 차원에서만 존재하는 것이 아니다. 미중 전략경쟁이 격화되고 대만 해협의 위기가 고조되고 있다는 점은 북한도 잘 알고 있을 것이다. 이에 대한 북한의 선택은 대만 문제에서 중국의 입장을 전적으로 지지하고 대만 유사시 그 불똥이 한반도로 튀는 것을 경계하면서 전쟁 억제력 강화에 치중하는 것이다. 하지만 이것만으로는 소용돌이를 피할 수 없다. 대만에서의 미중 충돌 여파는 곧장 한반도를 향할 것이다. '하나의 중국' 원칙과 대만 해협의 평화가 조화와 균형을 이루도록 모종의 역할을 모색해야 한다. 특히 대만 유사시 남북한 어느 한쪽의 선택은 다른 쪽의 선택에 결정적 영향을 끼칠 것이다. 서로가 원하지 않는 불행을 막기 위해서라도 대화의 끈을 놓지 말아야 한다.

딸아이의 아버지
김정은에게

끝으로 지푸라기라도 잡는 심정으로 김정은 위원장에게 묻고, 또 호소하고 싶다. 아이들에게 어떤 미래를 물려주고 싶냐고 말이다. '김주애'로 알려진 딸을 비롯한 아이들의 미래는 기후위기와 떼어놓고 생각할 수 없다. 더구나 한반도는 기후변화의 취약 지역 가운데 하나이다. 북한은 남한보다 더 취약하다. 그런데 이 좁디좁은 한반도가 세계에서 가장 격렬한 군사행동의 경연장이 되고 있다. 막대한 화석 연료를 사용하는 군사 무기와 장비는 엄청난 탄소를 배출하고, 기후위기 대처를 위해 사용되어야 할 소중한 자원은 군비경쟁으로 탕진되고 있다. 하루가 멀다고 북한이 쏘아대는 미사일도 마찬가지다. 미사일이 뿜어내는 화염은 탄소 덩어리 그 자체이기 때문이다.

그래서 북한의 지도자는 화염을 내뿜으며 날아오르는 미사일을 보면서 자부심을 느낄 것이 아니라 아이들의 미래를 어둡게 만들고 있는 현실을 직시해야 한다.

때마침 남한의 윤석열 정부는 '그린 데탕트'를 국정과제의 하나로 내세우고 있다. 남북한이 기후환경 분야에서 협력해 이를 정치·군사적 긴장 완화로까지 이어가자는 취지를 품고 있다. 물론 수정·보완할 내용이 많다. 하지만 북한 정권이 윤 정부에 대한 체질적인 거부감을 거두고 이 분야에서부터 협력을 도모하는 것도 진지하게 고려해보길 바란다. 다시 말하지만, 한반도는 세계에서 군비경쟁이 가장 치열하고 또 기후위기 취약 지역이다. 이곳에서 군비통제와 군축을 통해 평화 정착과 탄소 배출 저감의 선순환을 모색하는 것이야말로 아이들에겐 최고의 선물이 되고, 남북이 세계 각국의 롤모델이 되는 길 아니겠는가?

1 〈"일본과 협력 강조한 윤석열, 한반도에 자위대 끌어들이나"〉, 《프레시안》, 2023년 3월 6일.

2 이에 대한 자세한 내용은 정욱식, 《핵과 인간》(서해문집, 2018), 310- 321쪽 참조.

3 힐러리 클린턴의 연설 및 토론 내용 전문은 다음을 참조. https:// wikileaks.com/podesta-emails//fileid/11011/2873

4 하노이 노딜을 포함해 그 전후 상황에 대한 분석과 평가는 정욱식, 《한반도 평화의 길, 왜 비핵지대인가》(유리창, 2019) 참조.

5 〈In New Talks, U.S. May Settle for a Nuclear Freeze by North Korea〉, 《The New York Times》, 2019. 7. 1.

6 John Bolton, 《The Room Where It Happened》(Simon & Schuster, 2020), pp. 319-322.

7 John Bolton, p. 325.

8 Mike Pompeo, 《The Never Give an Inch: Fighting for the America I Love》(Broadside Books, 2023), pp. 384-385.

9 이에 대한 자세한 내용은 정욱식, 《한반도의 길, 왜

비핵지대인가?》(유리창, 2020);《한반도 평화, 새로운 시작을 위한
조건》(유리창, 2021) 참조.

10 이에 대한 자세한 내용은 정욱식,《비핵화의 최후》(유리창, 2018) 참조.

11 통일부,〈비핵·평화·번영의 한반도〉(통일부, 2022), 19쪽.

12 미국과학자협회, https://fas.org/initiative/status-world-nuclear-
forces/

13 글로벌 파이어파워, https://www.globalfirepower.com/countries-
listing.php

14 〈올해 유엔 대북지원 모금액 173만불⋯10년 전의 1.5% 수준〉,
《연합뉴스》, 2022년 12월 7일.

15 한국은행, https://www.bok.or.kr/portal/main/
contents.do?menuNo=200091

16 조선민주주의인민공화국,〈조선민주주의인민공화국 지속가능한
발전을 위한 2030 의제 이행에 관한 자발적 국가 검토 보고서 DPRK
Voluntary National Review〉(한국어 번역본), 2021년 7월.

17 〈북한이 인도적 지원을 거부한 이유〉,《중앙일보》, 2017년 6월 8일.

18 김일한,〈북한 식량난? 식량생산 안정화?〉,《포스트 코로나 시대 북한
경제와 식량 문제》(한반도평화포럼 월례 토론회 자료집), 한반도평화포럼,
2023년 3월.

19 유발 하라리 지음, 김명주 옮김,《호모 데우스》(김영사, 2017), 367쪽.

20 뉴룩을 비롯한 아이젠하워 행정부의 핵 정책에 대해서는 정욱식,
《핵과 인간》(서해문집, 2018), 180-192쪽 참조.

21 덩샤오핑과 양탄일성에 대해서는 정욱식, 위의 책, 545-549쪽 참조.

22 Georgy Toloraya,〈Byungjin vs the Sanctions Regime: Which Works
Better?〉,《Foreign Affairs》, 2016. 10. 20.

23 〈북한 매체 "미사일 비용, 자본주의 국가 10분의 1도 안돼"〉,
《연합마이더스》, 2022년 12월.

24 〈북한, 김정은 불참속 최고인민회의 이틀 개최…방역예산 33% 증액〉, 《오마이뉴스》, 2022년 2월 8일.

25 위의 기사.

26 〈북, 군수공장까지 돌려 농기계 생산…"먹는 문제 푸는 게 국방"〉, 《연합뉴스》, 2022년 9월 27일.

27 Richard Sokolsky; Yuri Lee, 〈North Korean Defense Conversion: New Opportunities for Inter-Korean Cooperation?〉, 《38 North Special Reports》, Stimson Center, 2019. 4.

28 〈국정원 "북, 코로나 백신·치료제 기술 탈취 해킹도"〉, 《한겨레》, 2021년 2월 17일.

29 차두현·양욱·홍상화, 〈재래전력을 통한 북핵 억제는 가능한가?〉, 아산정책연구원 이슈브리프, 2020년 12월 24일.

30 Michael J. Mazarr, 〈Understanding Deterrence〉, 《Perspectives》, RAND Corporation, 2018.

31 〈남북 인적교류 2년째 완전히 끊겨…왕래인원 2년 연속 '제로'〉, 《연합뉴스》, 2023년 2월 24일.

32 현재 세계 면적의 50%가 넘는 지역이 비핵지대인데, 여기에는 중남미, 아프리카, 남태평양, 동남아시아, 중앙아시아 등이 속해 있다.

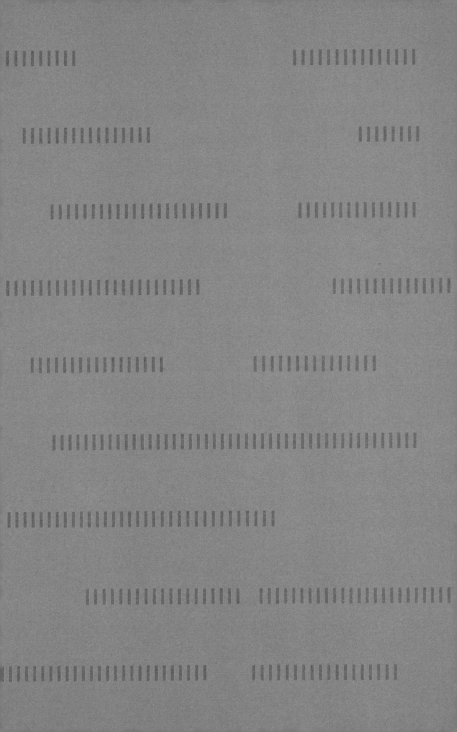

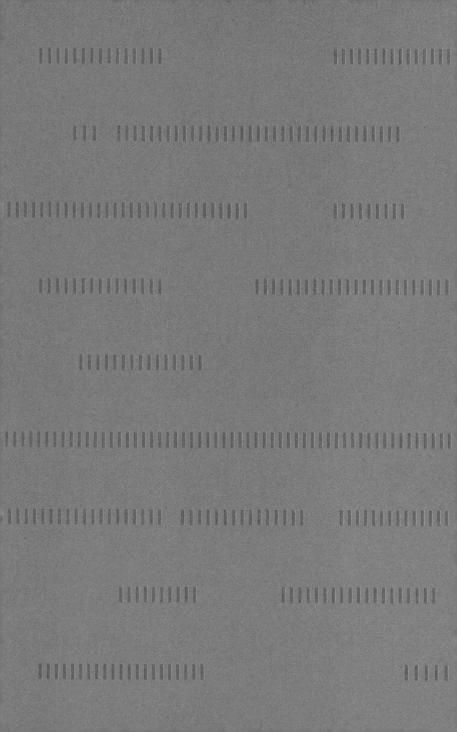